北海道をひらく平和学

私たちの〈いま〉をとらえる

清末愛砂
阿知良洋平
編

法律文化社

目　次

序　章

1　本書のコンセプト　*1*

2　コンセプトの前提にある「植民地」という視点　*2*

3　入植者植民地主義と和人のアンビバレントな立ち位置　*4*

4　矢臼別闘争への着目　*6*

第Ⅰ部　入植者と植民地主義の再考

第1章　戦後開拓 ··· 9

1　戦後開拓の経緯　*9*

2　北海道と「開拓」をめぐるこれまでの見方　*10*

3　戦後開拓地・旧三股を問う視点　*11*

4　旧三股の成り立ち　*12*

5　旧三股での暮らし、そして用地買収　*14*

6　改めて、戦後開拓の苦労の意味　*16*

第2章　アイヌ民族と朝鮮人のつながり ························· 18
——先住民支配と植民地支配が交錯する北海道

1　北海道の「開拓」と天草　*18*

2　アイヌ民族と朝鮮人のつながり　*20*

3　戦後の無縁碑をめぐる記憶の闘争　*22*

4　アイヌ遺骨盗掘と「ウポポイ」　*23*

5　在日ヘイトの現在　*25*

6　むすびにかえて　*26*

第3章　ウィルタから見る北海道、そして日本 ··············· 28

1　はじめに　*28*

2　2人の兄妹の足跡　*30*

3　国が行うべきこと　*33*

4　おわりに—私たちにできる最初の一歩とは　*36*

i

第4章　北海道開拓とキリスト教 ································· 38

  1　はじめに　38

  2　キリスト教植民の背景　38

  3　主なキリスト教植民のケース　40

  4　入植の歴史とどう向き合うか　44

第5章　旧優生保護法のもとの差別と北海道 ············· 47

  1　優生保護法の成立と時代背景　47

  2　不妊手術の対象の拡大と手術の推進　48

  3　不妊手術の実施状況　49

  4　優生思想の普及・浸透　50

  5　優生保護法の改正と被害の放置　52

  6　立ち上がった被害者たち　52

  7　裁判闘争　53

  8　優生保護法はいまに続く問題　55

コラム①　痛みの声を聴き、社会に対する見方を刷新する　57

コラム②　破壊された知床、よみがえる知床　59

    —— 「しれとこ100平方メートル運動」が問いかけること

第Ⅱ部　平和的生存権の新たな連帯——矢臼別の現場から

第6章　矢臼別闘争の歴史 ··· 63

  1　生活空間から「軍事化」を問う　63

  2　冷戦下の境界地域としての道東　64

  3　矢臼別演習場反対闘争の始まり　65

  4　R-30ロケット実射阻止闘争と核戦争への恐怖　67

  5　地域社会の生活空間をめぐる反基地闘争　69

  6　自衛隊・米軍のグローバルな戦争、

    地域社会に根ざした平和運動へ　71

第7章　矢臼別闘争を支える平和的生存権 ················· 72

  1　矢臼別で日本国憲法に迎えられる　72

  2　憲法と平和主義　74

  3　北海道と平和的生存権　75

目　次

　　4　非暴力的なコミュニティをつくる矢臼別闘争　77
　　5　しなやかな闘い─権利と自由を保持する義務の実践　79

第8章　平和への思い……………………………………………………81
　　　──伊江島から移住し矢臼別闘争にかかわる上出雅彦さん
　　1　伊江島で生まれて─父の沖縄戦体験　81
　　2　子どもの頃─米軍の激しい射撃演習　83
　　3　青年時代─定時制高校、東京労働学校での学び　83
　　4　別海の農業実習へ─そして矢臼別との出会い　85
　　5　マイペース酪農への転換　86
　　6　根底でつながる、命と平和への思い　88

　　コラム③　矢臼別平和公園　91

第Ⅲ部　日常生活における暴力と平和のつながり

第9章　若者を取り巻く暴力…………………………………………94
　　　──ジェンダー問題と貧困
　　1　暴力は貧困から生まれるのか　94
　　2　3日に1人が殺されかけている⁉　94
　　3　見えるようで見えない暴力　97
　　4　暴力の再生産への抵抗　100
　　5　貧困も構造的な暴力の1つ　103

第10章　生活保護の課題と自立支援………………………………106
　　　──「釧路モデル」を事例として
　　1　生活保護制度の役割と目的　106
　　2　自立支援プログラムの構想・導入の背景　107
　　3　自立支援プログラムの特徴　108
　　4　自立支援プログラムの先進自治体・釧路市の実践　109
　　5　誰もが自立と尊厳を確保される地域づくりへ　113

第11章　北海道の暮らしと外国籍の住民…………………………115
　　1　労働力として求められる外国人　115
　　2　移住労働者の受け入れと定着　116

iii

3　人の移動と北海道　117

4　住民のグローバル化　121

第12章　大学は軍事とどのように向き合うべきか　124

1　教育の目的と平和　124

2　安全保障技術研究推進制度　125

3　大学は軍事研究とどのように向き合ってきたか　128

4　学問の自由と軍事研究　130

5　大学教育の課題　131

第13章　メディアと平和　134

1　メディアがめざす「平和」とは　134

2　警察によるヤジ排除が奪うもの　135

3　マイノリティの視点から考える　138

4　若い人たちへ　141

コラム④　杉田水脈氏の人権侵犯問題　144

終章　北海道の現代史をひらく教育への示唆　146

1　生の現場と乖離したイメージ　146

2　日本人あるいは和人の無自覚性・加害性　147

3　ひらかれた自立と、消えない歴史　148

4　一人ひとりの勇気　150

序　章

1　本書のコンセプト

　これまで北海道を切り口としながら、〈平和〉とは何かを模索または問い直すための書籍は何冊も出版されてきた。本書はその一冊にあたるが、筆者が編者の一人を務める書籍としては三番目のものとなる。前二書は、①清末愛砂・松本ますみ編、2016、『北海道で生きるということ─過去・現在・未来』法律文化社、および②松本ますみ・清末愛砂、2021、『北海道で考える〈平和〉─歴史的視点から現代と未来を探る』法律文化社、である。本書はこれらの続編として位置づけられる。続編であるためには、前二書の課題を的確にすくい取り、それらを立脚点として取り組むべき、また顧みるべき諸々の視座を見いだしていくことが不可欠である。そうした作業を丁寧に行っていくことが、結果的に多義的な意味を持つ〈平和〉と北海道との交差を可能にする道を築くことになる。さらには、その交差点がより膨らみのある交わりとなるための方策をより一層検討することで、未来につながるあらたな課題が浮き彫りになっていく。

　試行錯誤しつつ出版した前二書に基づき、交差の膨らみをめざしながら本書のコンセプトを編者2人で勘案した結果、大きなテーマを「北海道をひらく」に決めた。なぜなら、端的にいうと、北海道の先住民（アイヌ民族に限らず、ウィルタなどの北方少数民族も含まれる）や「強制連行」をめぐる各種の抑圧の歴史的また政治的な構造は、北海道が背負わされ続けてきた自衛隊の軍事演習場としての性格や、貧困や差別の厳然とした生活の事実に加え、自覚的であるか否かを問わず、それらを塗り隠そうとしてきた生活者の「プライド」や政策イメージをも含有しながら、いまなお構築され続けていると考えたからである。

　北海道に住む編者らは、厚みを増しながら現在進行形で確立されていく、こ

I

の強固な構造の中で、何重もの意味でマジョリティになる〈強者〉として身を置いてきた。そうであるからこそ、内部者としての抗いの営みの必要性を感じ、いかにして内部からこの構造をひらいていくことができるのか、という点を真摯に自問しなければならないと考えてきた。構造をひらくということはけっして容易なことではない。この構造の中で〈強者〉として過ごすこと、また構造を利用してうまく生きのびることは、ある意味、快適であろう。しかし、法学の視点または教育学の視点から、人権に基づく平和のあり方を多面的に検討することにこだわり、それを研究の軸の一つにしてきた編者らにとって、自らの足元の社会である北海道における、重層化された抑圧の構造を多角的に解明しようとする作業は、避けて通ることができない問題なのである。本書の企画はそうした意識のもとで進められてきた。

2　コンセプトの前提にある「植民地」という視点

「北海道をひらく」というコンセプトに対して最初に問われるのは、「北海道とは何か」ということであろう。その問いが発せられるとき、多くの人々はさしあたり自らの経験、関心に基づいて目にしてきた書籍やメディアから得た知識、またはインターネット上の情報等に基づいて、自分なりの北海道像を思い描く。関心だけでなく、年代によってその像は異なり（例えば、1972年開催の札幌オリンピックをテレビで見ていた人々の中にはそのイメージを強く抱く者が多くいる）、また社会情勢に応じても変化しうる。社会一般という意味では、現在の北海道に対しては、日本有数の観光地（東アジアや東南アジア諸国で知られる一大観光地であるため、インバウンド客も多い）、海産物や乳製品（日本各地のデパートで「北海道展」が開かれると、北海道産の食品を買い求めたい人々が押し寄せる）、ウィンター・スポーツといったイメージが広く持たれているだろう。

道外出身の筆者も、北海道に住む前から現在まで、そうしたイメージを一面的には抱いてきた。しかし、筆者にとっては、前述の『北海道で考える〈平和〉─歴史的視点から現代と未来を探る』の序章の冒頭で言及したように（1頁）、2011年9月末に島根県から北海道室蘭市に住み始めて比較的早い段階で、「植民地の〈におい〉がする」と感じとったことの方が、より明確なイ

メージに結びつくものとなっている。それは、北海道に漂う空気や雰囲気が、筆者が住んだことがある植民地支配を受けた歴史を有する国やたびたび訪問するそうした国々で嗅ぎ取ってきたものと共通するものであったからだ。ただし、筆者の場合は、北海道に住み始める以前から、北海道の成り立ちの歴史に鑑みて、学問的に「内なる植民地」として理解してきた経緯がある。そうであるからこそ、憲法研究者として北海道の大学に異動し、植民地主義の観点から日本国憲法の適用の意味（一方的に領土化されてきたからこその適用）や、憲法原理（基本的人権の尊重、国民〔人民〕主権、平和主義）の限界・矛盾または有効性を検討したいと強く希望してきた。そうした背景があることも手伝って、「植民地の〈におい〉がする」「やはりここは植民地なのだ」という実感に行き着いたのであろう。

こうした感覚は、北海道で（生まれ）育った人々には感じにくいものであるかもしれない。筆者は、それなりに長期間住んでいるものの、いまでも北海道出身者からたびたび道外出身者だと指摘される。発する見解が「外部者」の視点に見えるのだという。一方、「外部者」の視点から指摘されることで、それまでは認識しえなかった〈気づき〉を得ることができたといわれることもある。そうした〈気づき〉という文脈からは、「植民地の〈におい〉がする」と発することには意味があるのかもしれない。もっとも、植民地支配という文脈では、筆者を含む道外出身者の多くは、入植者のルーツを持たずとも外部者の立場にはなり得ない。

さて、先述の北海道の成り立ちとは、簡単にいうと、①19世紀半ばに、明治政府が先住民のアイヌ民族が「アイヌモシリ」（アイヌ語で「人間の住む静かな大地」の意味）と呼んできた大地の一部（現在の北海道。同政府は1896年にこの地を一方的に「北海道」と名称変更）を大日本帝国に併合し、②土地を勝手に官有地化してアイヌの居住地や生活手段を奪ったこと、そのうえで、③「開拓」の名の下で、大日本帝国の他地域から入植してくる民間企業や多数の入植者（移民）に土地の払下げをしてきた歴史を指す（こうした歴史の詳細は、本書の前二書で言及している）。すなわち、北海道はその成り立ちにおいて、入植者植民地主義をとってきたという大きな特徴がある。

なお、2023年10月から約1年4か月に渡り、ガザ（パレスチナ）に対する継

続的な激しい軍事攻撃を加えたイスラエルも同様の特徴を有する。先住民であるパレスチナ人の犠牲（追放や虐殺）のうえに建国されているからである（詳細は、『北海道で生きるということ—過去・現在・未来』90-93頁）。破壊されたパレスチナ人の村々の跡地には、多数のイスラエル人が住んでいる。筆者は、北海道を拠点とする民間のパレスチナ支援団体「北海道パレスチナ医療奉仕団」の活動にかかわってきた（活動の詳細は、『北海道で考える〈平和〉—歴史的視点から現代と未来を探る』79-80頁）。北海道でパレスチナ支援の活動をするときには、北海道とイスラエルとの共通点である入植者植民地主義の問題に向き合うことが不可欠である。

3　入植者植民地主義と和人のアンビバレントな立ち位置

勤務先の「平和学」の授業では、2021年から植民地の〈におい〉について触れた前述書を教科書として使用するようになった。それ以降、第1回目の講義の最後に植民地の〈におい〉について言及してきた。正直に書くと、同年4月にこの話を切り出す直前まで、受講生（北海道出身の学生が最も多い）が総じてどのような反応を示すかをあれこれ想像しながら、不安感を抱いてもいた。趣旨が通じるか、戸惑いや混迷を与えるだけで終わらないか、大きな反発が理解を進める壁にならないか。こういったことが頭に渦巻いていた。しかし、このような不安感は、無意識のうちに筆者に内在する「授業内でハレーションを起こしたくない」という気持ちのあらわれであったのかもしれない。それが、昨今の大学の授業評価制度が教員評価と結びついていることから生じる〈萎縮〉といえるものであるならば、憲法研究者が、教授の自由を保障する学問の自由（憲法23条）を自ら否定するという自己矛盾にあたる。

受講生は「植民地の〈におい〉」を耳にすると、総じて不思議そうな、または惑ったような顔つきをする（いうまでもなく、顔つきだけですべてを判断できるわけではない）。出身地はどこであれ、自分たちが学生として現住している、あるいは（生まれ育った場合も含めて）住んできた北海道を植民地の視点から描く発想自体が初耳であることが多いからであろう。レポートでこのことに言及する受講生がそれなりにいることから、強い印象を残す話であることがうかがえ

る。受講生の意見の中で最も多いものは、要約すると「初めて聞く話で最初は何を意味するのかわからなかったが、その後の授業で北海道の成り立ちの歴史を学び、その意味を自分なりに理解した」というものである。筆者は、受講生に「植民地の〈におい〉」という抽象的に聞こえる表現の意味を直ちに、また完全に「理解する」ことを求めているわけではない。担当教員である筆者が、研究成果に基づいて問題提起する。受講生にはそれを受けて、植民地主義とは何か、その継続のためにどのような構造がつくられ維持されてきたのか、そうした支配は人間の関係構築にいかなる影響を及ぼしてきたのか、ということを自分なりに検討することを期待するからだ。

　本書の前提となるのも北海道を植民地としてとらえるという視点であるが、本書の場合はその歴史に向き合う際の視点のあり方を広げることを主題とする。一般に、北海道における植民地主義の問題を考えるときには、例えば、先住民や戦時中に「強制連行」されたアジアの人々の被害と抵抗の主体性、およびその支援者（例えば、寄り添う「和人」〔対アイヌとの関係から、入植者とその子孫が用いてきた自称〕）に焦点が当てられることが多い。本書では、入植者植民地主義ゆえの北海道の特徴（世界史的にみれば「移民」はマイノリティであることが非常に多いが、北海道では「移民」がマジョリティ）に鑑みて、こうした焦点をもう少し広げて考えることをめざしたい。なぜなら、北海道の匿名多数のマジョリティである入植者とその子孫（和人）が、道外との関係性および先住民との関係性のそれぞれにおいて、相反する別々の感情や認識を同居させてきたことを否定できないと考えるからである。和人が関係性に応じて、ときには〈差〉があることを訴え、ときには〈平等〉であることを語るという立ち位置の変化を見せるのはなぜか。この先の北海道に向けて民衆間の対話をひらいていこうとするならば、こうした関係性の構築の構造を解明することが必須となる。

　本書では、植民地支配に起因する諸々の差別の絡まりあい、宗教・自然・技術・開発を含んだ「開拓」史、軍事化とそれに抗する「平和のうちに生存する権利」（平和的生存権、日本国憲法前文2段落後半）の多面的な読み直し、ジェンダー化された規範や優生思想等に基づく諸暴力、軍事研究、貧困、移住労働者を含む外国籍住民との共生、メディアのあり方といった視点から、こうした構造の解明を試みる。

4　矢臼別闘争への着目

矢臼別闘争に参加している「矢臼別平和委員会」が矢臼別演習場のゲートの近くに建てた看板。日本国憲法前文の平和的生存権の箇所が書かれている。(2024年筆者撮影)

　矢臼別闘争に着目する第Ⅱ部が、構造を解きほぐすために求められるものの見方を検討するうえでの中核を担う。同闘争の舞台は、陸上自衛隊の矢臼別演習場の設置のために買収対象となった「戦後開拓地」のうち、同演習場に囲まれながらも売らずに残った民有地である。ただし、同闘争も入植者植民地主義に基づく北海道の抑圧的な歴史なくして誕生しえなかった運動である点を看過するわけにはいかない。そうした面があっても、闘争内の先住民に対する意識は、例えば、矢臼別平和資料館（第6章および第7章参照）の展示に含まれるようになってきている点からもうかがえるように、醸成の過程にあるといえるだろう。その方法は何であれ、醸成の過程が民衆間の対話をひらくための土台の一部を構築することにもつながると考えられる。

　第Ⅱ部では、沖縄と共通する差別的な押しつけを意識しつつ、矢臼別闘争の歴史や平和的生存権の観点から、同闘争の意義を多義的および総合的に捉える。闘争史を総体として外面的に見るのではなく、さまざまな形態でそこにかかわってきた一人ひとりの個人が、尊厳あるくらしの総体を支えるために大切にしてきた諸々の価値観や動き方を鮮明にすることを試みる。

　こうした価値観や動き方を通して第Ⅰ部の内容を振り返り、さらには第Ⅲ部の内容につなげると、植民地主義や軍事化のマクロな流れの中から生み出されてきた差別や貧困の構造の一端を見いだすことができるのではないだろうか。

【清末愛砂】

第 I 部

入植者と植民地主義の再考

地図　第Ⅰ部に関連する主な地名

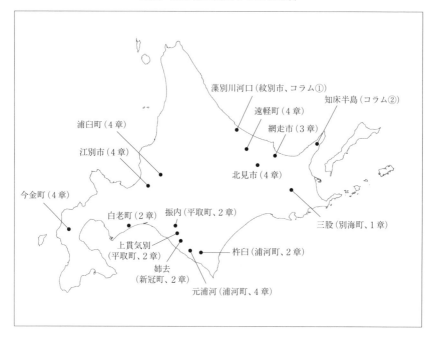

第1章　戦後開拓

1　戦後開拓の経緯

　歴史の勉強を思い出すと、教科書の中の1年や2年はあっという間に感じるかもしれない。しかし、暮らしが一日一日、続いていたことに思いを馳せたい。1945年のアジア太平洋戦争の終結は、人々にさまざまな感情を与えたであろうが、人はその日も次の日も、食べものを必要とする。戦争終結の一連の政治が進む間も、人々はいかにして暮らすか、混乱は続いた。

　また、その戦争が終結して、日本の勢力範囲が縮まることとなった。戦争中に地元での生活が苦しくて、あるいは、より充実した生活を求めて、生まれた場所から朝鮮や中国、東南アジア、そして世界各地へと渡った人々がいた。しかし、日本が侵略によって奪った土地に入った人々は、そこに居続けることはできない。アジア歴史資料センター・アジ歴グロッサリー「公文書に見る終戦―復員・引揚の記録―」(https://www.jacar.go.jp/glossary/fukuin-hikiage/　2024年9月16日確認)によれば、1947年末までに軍人・軍属、民間人などの624万余人の復員・引揚があったという。とても大きな人々の移動があったことがわかるだろう。さて、困った。やっとのことで引き揚げてきたとしても、どうやって暮らしていこう。出ていく前にいた場所には暮らしの基盤はもはやないし、地元の人々も戦後の混乱で養う余裕がない。

　日本には1つの経験があった。戦争末期、日本本土は米軍による空襲を受けていた。1945年3月、当時の日本政府は「都市疎開者の就農に関する緊急措置要綱」(閣議決定、北海道戦後開拓史編纂委員会、1973、『北海道戦後開拓史』北海道、27頁)を出し、都市住民の疎開とともに、食糧増産に励ませる計画を発表した。発想には、人を安全なところに避難させるだけではなく、そこでも国に役立つ作業をさせるという視点が見て取れる。

9

第 I 部　入植者と植民地主義の再考

　敗戦後の1945年11月、政府は「緊急開拓事業実施要領」を発表する。地元では肩身の狭い状況だった、生業の見つからない者や引揚者らのもとに、役場などから情報が舞い込む。「北海道へ行けば、土地をもらえて独立した暮らしができる」と。戦後開拓地は全国各地にあるが、北海道もまた多くの入植者を受け入れた。こうして戦後開拓が始まる。特に旧「満州」などから、ソ連軍の攻撃を受けながら、命からがら避難してきた人々にとって、何としても自らの命を生きながらえさせなければ、亡くなった人々に申し訳が立たない。もう戻るところはない。自らの生きる家を一からつくり、木を切り、抜根をし、農地にしていく。それでも、暮らしの厳しさから、離農者は絶えなかった。

　1964年頃に電気が通った戦後開拓地区があるが、その時の東京を思い浮かべてみれば、新幹線が開通しオリンピックが開かれていたわけである。戦後開拓地の郷土誌を見ると、電気の開通や農業機械の発展など、そこには自然の状態からの脱却、文明の恩恵を重視する傾向がある。戦後開拓の苦労の壮絶さを考えれば、そうであろう。一方で、そうした彼らの生産活動は、次第に日本の経済復興の観点から眼差され、その増強のための政策が、彼らの営農を規定していくことになる。

2　北海道と「開拓」をめぐるこれまでの見方

　開拓地の郷土誌や碑文を見ると、必ずしも国家を意識したものばかりではないが、それでも国の農政との協力関係のもとで郷土が発展したことなどが示される場合もある。北海道における「開拓」は、構造上、日本人あるいは和人を主に展開してきたといえる。これまでの歴史の見方では、彼らの「開拓」の苦労が、「顕彰」として自分たちへの慰労として意味づけられ、先住民支配や植民地支配の被害が見えにくくなる構図があっただろう。辛い目にあったのは、開拓者だけではない。北海道では、「強制連行」された朝鮮人や中国人の被害、ここが大日本帝国になってから現在の日本に至るまでアイヌ民族らが受けた被害は甚大である。しかし、苦労の意味が自分たちに向く限り、それが中心部への貢献へと意識が連続していくのだろう。そうすれば、そうした被害はますます視界に入らなくなる。[1]

第1章　戦後開拓

　しかし、苦労の意味はそれだけなのだろうか。苦労は、そのようなつなぎ目にしかなれないのだろうか。筆者は、一方で明治期に石川県から石狩へ、他方で戦後の昭和期に秋田県から夕張へ移住した人の子孫となるが、そのような見方とは違ったものを戦後開拓の苦労の中に見ることで、これまで学校教育や博物館展示などで触れてきた「開拓」を捉え直したいと考えた。本章では、戦後開拓を通じて、苦労の見方を深めてみたい。

3　戦後開拓地・旧三股を問う視点

　ここで見ていくのは、1960年代前半の北海道に陸上自衛隊矢臼別演習場ができる以前に、その土地にあった戦後開拓の集落、旧三股地区（現別海町域内。ここでは、演習場をつくるための用地買収により、集落の多くの部分がなくなった意味で"旧"をつけて呼ぶ）である。戦後開拓は、一般農政と区別された独特の開拓行政下で展開した。例えば、開拓営農指導員、「開拓保健婦」、開拓医、「開拓助産婦」が置かれたり、資金が整備されたりした。農協も例えば、別海の例では1976年に合併するまで西春別農協と西春別開拓農協があったなど、一般農協と開拓農協とは別々に組織された。

　演習場をつくる買収について次のようによく言われる。「離農後の生活に見通しもないまま、演習場中央北辺の三股から35戸、その西方の新富から19戸、中央南部の厚岸町トライベツから30戸。あわせて84戸がつぎつぎに開拓地から去って行った」（第50回矢臼別平和盆おどり大会総実行委員会、2014、『第50回矢臼別平和盆おどり大会記念　矢臼別のたたかい』5頁）。旧三股の35戸余（途中離農者もいたであろうから、入植者はもっと多かっただろう）の人々は、どのような暮らしをしていたのか、どのような思いでここに来たのか、また、どのような思いでここを離れていったのか。

　別海町の町誌をめくっても、詳しい記述はない。別海町の郷土史をめぐる本を見ても、旧三股小学校に関する写真記録や当時の回顧記述などは比較的見受けられる。しかし、暮らしの情報となると少ない。多くの集落は、おおよそ30年や50年の区切りに集落誌を編む。しかし、1950年代の初頭に入植者が入り、1960年代の中頃にはほとんどの農家が離農・移転していた旧三股は、10年強し

11

第 I 部　入植者と植民地主義の再考

か集落がなかった。旧三股の歴史は記録されることがほとんどなく、現在に
至っている。

　筆者は、当該地区に関連する資料から離農・移転した人々のその後を追い、
可能な限り、本人やその子どもたちに話を聞いてきた。筆者は、紙と文字によ
る叙述が限られていたことは残念であったと思いつつ、一方で、当時の大人、
その子どもや親戚の生の声に接し、それによって、当時の人々の力に出会えた
とも感じている[2]。

4　旧三股の成り立ち

　旧三股とは、どんな集落だったのだろうか。現在は、その大部分が矢臼別演
習場の敷地内になっていて面影が少ないが、当時の集落地図を復元してみる
と、ほとんどすきまなく農家が入植していた。買収直前の状況でいえば、集落
の中心には学校や商店もあり、商店の立派な2階建ての写真が残っている。集
落の子どもが商店を訪ねて、商店を経営していた夫妻の、妻が応対している様
子を思い浮かべてみよう。そんな日々の暮らしの1コマは、10年くらいかけ
て、入植者が壮絶な苦労を重ねてつくりあげていった蓄積の上にある。

　この地域には、戦前、旧陸軍の軍馬補充部根室支部があった。北海道は、軍
馬の産出地でもあった。アジア太平洋戦争が終わり、旧陸軍の解体とともにそ
の使命を終えたが、当時の土塁は残り、近隣の地区にあった官舎跡の建物は、
戦後開拓者の一時滞在場所としても活用されたという。土地は戦後、旧陸軍省
から大蔵省を経て農林省へ所管替えされ（楢山満夫編著、2006、『旅路―別海沿革
史　地域編』改訂版、267頁）、戦後開拓者へ供されることとなった。

　このあたりでも、戦後開拓者が入ってくる以前から、製材の業者が出入りし
ていたと思われる。製材業者の人々の営みも忘れてはならないだろう。

　当時、三股という呼称は、土地の登記簿などには、通用として使われてもい
る。拓殖実習場の「終了者名簿」に入植先が記されているが、そこでは、おお
よそ「西春別第二」（当時、西春別とは、最寄りの市街地およびその周辺一帯を指す
呼称だった）と書かれている。また、1926年の「北海道移住案内」や1956年測
量の地理調査所発行の地図には「三本股」の記載があり、風連川が三本に分か

12

第1章　戦後開拓

れるところあたりに「三本股」と記されている。

　旧三股の入植者を見ると、新潟県からの入植が多い。農地改革によって、小作農は自作農になった。しかし、田畑は限られているため、次男・三男は、農業での経済的な自立が難しかった。当時の新潟県・神山村（後に笹神村、そして阿賀野市）は、「北海道神山村分村計画」を立てる。分村とは、旧「満州」への「開拓」の時も行われたが、村単位で、一部住民によって集団移住することを指す。この分村計画のメンバーで引揚者だという話は、いまのところ聞いておらず、メンバーの1人は「次男三男対策だった」と言っていた。戦後の経済的な混乱の状況の中でさまざまな事情から希望したのであろう。『笹神村史　資料編三　近現代』（笹神村編、2002）によれば、1951年から1958年にわたって、19人の入植者が記録されている。旧神山村だけではなく、周辺の村などからの参加もあった。これは分村だったので、「餞別」「視察助成」「分村育成費」などが、本村の会計に計上されていた。

　戦後開拓の場合、農家での実習を経て入植する場合もあるが、北海道立の拓殖実習場を経て入植する場合も多かった。道内には5か所あって、十勝、北見、釧路、天塩、中標津だった。旧三股は、釧路が多かった（根釧地方でも十勝経由の入植もある）。「北海道神山村分村計画」のメンバーもここを経ている。「拓殖精神」や農業・林業の座学、造材、炭焼、開墾、家畜飼養管理などの実習があった（小林甫、1987、「北海道拓殖実習場教育の社会・文化的背景と遺産」北海道立拓殖実習場史刊行会『高き希望は星にかけ—北海道立拓殖実習場史』社団法人北海道農業土木協会、238-252頁）。実習生は、集団生活を行った。修了後、春に入植した場合、その年の冬を越せるように、それまでに自分の食糧を畑でつくらなければならなかった。

　35戸余のうち少なくとも19人は新潟出身であったが、それ以外の旧三股の入植者の出身県は多様である。少しまとまって入っている人々は、地元の現別海町の福島地区からの人々である。かなり晩年に、数戸が隣の新富地区と合わせたこの一帯に入植している。また、岩手県から戦時中に択捉島へ渡りそこで軍隊へ行き、その家族は択捉島から函館経由で引き揚げ、戦後、合流して旧三股へ入植したという経緯の者もいたという。

第Ⅰ部　入植者と植民地主義の再考

5　旧三股での暮らし、そして用地買収

1　暮らし

　みなさんが入植者なら、最初に何をするだろうか。助け合って、自分の生きる場所をつくることができるだろうか。定められた時期に、開墾状況について検査を受け、合格しなければならない（成功検査）。旧三股の場合、ある人は、初めは共同で住み、そこから各自の土地へ通って、自分の住む居小屋をつくったり、開墾したりしていたという。居小屋は、「拝み小屋」と呼ばれる、木材を合掌するように斜めに立てかけて固定したものもあった。初めに入植地を訪れる時は、必要最低限のものだけを持って訪れたという。旧三股に商店ができるまでは、近くの市街地まで行かなければならなかった。買い物も医療機関での受診も大変だった。

　戦後開拓者は男性が独身で入ることも多く、「単独ではうまくいかない」といううわさもあったようで、入植前に結婚している人もいた。いずれにしても、独身男性や若い夫婦が多く、年齢構成が近くなり、買収直前の状況では、若い夫婦と小学校にあがるかあがらないかの子どもたちが多いというのが、旧三股の状況だった。旧三股に来る前の妻の思いとして、「当時北海道は外国みたいに思っていて、行きたくなかった」というのもあった。これは近隣の集落の話であるが、夫が早くに亡くなり、妻が自分の子どもを育てながら、行き場を失った他の家の子どもも一時期、一緒に面倒を見たこともあった。

　木を倒して開墾する作業も壮絶さが想像できるだろうか。開墾が進み、営農が軌道に乗るまでは、炭焼きが重要な現金収入源だった。炭焼き小屋と思われる写真が残っている。開墾をせず、炭焼きで暮らしていた者もいたという。

　食事については多様な記憶がある。戦後開拓地ではかぼちゃなどを自家用につくる話が聞かれるが、旧三股に住んでいた人の語りでは、「かぼちゃも余計つくらなかったし、あの当時、余計できなかったもの。あそこは、ものができないところだった」という声もある。戦後開拓地では、みそ・しょうゆは、切れた場合には、隣同士助け合って貸し合うのが常であった。Tシャツなどは背中に穴があくまで使っていたこともあったようだ。明かりはランプの使用が語

14

られる。ある家では風力発電を試していたと思われる資料があった。冬の暖房は薪をつくって確保し、小さい子どもも薪割をやったという。トンジスタラジオもあったという。ヒグマの出没も語られる。

　集落の一番奥からだと小学校まで4キロほど離れていたという。集落の大きな道路は、残された写真によると、いまなら自家用車1台ほど通れる幅があった。当時の記憶によると、集落全体が日常的に交流をしていた様子ではなかったらしい。しかし、小学校の運動会は、集落の全員が顔を合わせるような機会であったという。子どもたちが遊んでいる写真に、木製のソリと飼い犬が映っている写真がある。

　開墾道具の変遷は記憶の個人差が多く、確定的なことはいえない。島田鍬で耕した話や、二頭引きの馬による農作業の写真も残っている。入植者の進路も多様であった。開墾し牧草を育て、牛を10頭ほどまで飼っていた農家もあったという。牛乳の生産で表彰された農家もいた。一方で、実家からの仕送りなどで若干資金に余裕のあったものは「馬喰」（家畜商）などを営む者も出てくる。

2　用地買収

　用地買収は、防衛施設庁が担当していた。村と国とで受け入れの議論があった後は、入植者と農協と当局との間で金額などの算定や離農の手続が行われたようである。各地区には、取りまとめの農家もいた。

　「北海道神山村分村計画」による離農者の進路は多様で、地元の新潟に戻りそこで製材業に従事した者、新潟から神奈川へ移り燃料関係の業者へ勤めた者、釧路でレストランに勤めたり、アパートをつくって暮らしたりした者もいた。新潟から来た人の中にも、地元別海の別の農地へ移転した者もいる。地元福島地区から入植した人の多くは、別海の別地区へある程度まとまって再入植している。理由は、例えば、転出元の福島地区の人々が、彼らのために、新たな入植先を用意したからだ。

　「営農が土地になじむには十年かかる」。ある農家の言葉である。私たちには想像も及ばない苦労を経て開墾した土地を離れるのに、葛藤や抵抗がないほうが少ないだろう。子どもの教育や家族の病気などで旧三股を離れざるを得ないと考えた人の中にも、残りたかった人もいた。税金面での要求をした者もい

た。それぞれに葛藤があり、最終的に残った2人（第Ⅱ部参照）以外にも、ぎりぎりまで粘った人もいた。

買収対象地域から外れた部分もあったものの、集落単位としての旧三股は解散し、ある農家は隣の拓進地区に加入した。1967年で旧三股小学校は廃校となり、西春別小学校へ統合されることとなった。

6　改めて、戦後開拓の苦労の意味

新潟調査中、ある神社の方から、周辺の地主の影響力の強さについての歴史的な話があった。地主は、農民の自由を制約し経済的にも負担を強いる存在であったが、同時に、何か問題が発生した際には、その解決と人々の保護に責任を持つ側面もあった。地主制には、家父長制的な温情主義も伴っていた。分村計画のメンバーが戦前いかなる経験をしていたかの実際は別であるが、苦労の意味に限定して対比的に考えてみよう。

一方、戦後開拓地では、困りごとがあった時、直接に陳情できる相手もおらず、常に隣同士助け合って生きてきた。納得できないことが襲いかかってきた場合は、自分たちなりに異議を伝えねばならなかった。戦後開拓には、国家権力によって引き起こされた戦争の後始末を自己責任で押し付けられた棄民的側面を見ることも重要である。また、諸対応の中に権力（「お上」）に頼る姿勢もあったし、日常の家族理解には家父長制的性格も残存していた。それを踏まえつつもなお、そこにあった力に、市民的な性格の芽を読み取りたい。助け合い生き抜く自治的な力、そしてより良い生活を求めて言うべきことは言う力である。これらは、敗戦を経て国家から相対的に切り離され、「頼ることができないところ」に生まれた、1つの可能性だったのではないだろうか。

そして重要なのは、もしその力があるのなら、国家権力がきちんと先住民支配や植民地支配の歴史に向き合っていなかったとしても、その被害を受けた隣人の声に向き合う力を日本人あるいは和人が潜在的に持っていることへ、目をひらくことである。ここから、苦労（困難に対処した力）を対話的な記憶へつなぐ入口を掘り出したい。その過程で、その被害に加担してきた自らの侵略性・加害性にも直面していくことになる。その際、この力が消えない条件は何だろ

うか。このような問い方を（日本人あるいは和人の責任において）することも、北海道をひらくのに必要だと思われる。必要に応じてこのことを踏まえて、第2章以降の内容とも対話したい。

1) ガルトゥングがいう、中心国の中心と周辺国の中心の「利益調和」も参考になるだろう。ヨハン・ガルトゥング／高柳先男・塩屋保・酒井由美子訳、1991、『構造的暴力と平和』中央大学出版部、76頁を参照。
2) 具体的な声の記録については、阿知良洋平、2021、「別海町三股『北海道神山村分村計画』―そこで暮らした人、その家族・親戚の語りの記録」『標茶町博物館紀要』第2号、13-22頁を参照。

〔参考文献〕
北海道戦後開拓史編纂委員会編、1973、『北海道戦後開拓史』北海道
北海道立拓殖実習場史刊行会編集・企画、1987、『高き希望は星にかけ―北海道立拓殖実習場史』一般社団法人北海道農業土木協会

【阿知良洋平】

第2章　アイヌ民族と朝鮮人のつながり
──先住民支配と植民地支配が交錯する北海道

1　北海道の「開拓」と天草

　熊本県の南西部にある天草は、江戸時代に大規模な農民移住が行われ、明治期の北海道と同様に、多様な出身地からの移住民により形成されてきた地域がある。大規模な農民移住の契機となったのは、江戸時代のキリスト教禁制と過酷で残虐な圧制に抵抗した「島原・天草一揆」（1637年）である。

　一揆に参加したキリシタン約3万7千人は、1人を除いて全滅した。一揆後、天草は村がほぼ消滅したというところも数多くあり、人口が激減した。幕府は一揆終結から3年後、天草を直轄地とし、天領（幕府の直轄地）と九州の諸藩に対して、天草への大規模な農民移住を強制的に割り当てた。移民には小屋が与えられ、食料のない者には米も支給された。定住して耕作に従事する者には、農具や種苗なども支給されている（本渡市教育委員会、1962、『天草の歴史』）。

　移民を歓迎する方針は、この後50年余り続けられた。特に1647年には一度に500人もの移民を受け入れている。以降、天草の人口は急激に増加し、江戸末期には人口過剰が問題となる。度重なる飢饉の際にも、天草では堕胎や殺児である「間引き」を行わなかったためといわれてもいる（森崎和江、1976、『からゆきさん』朝日新聞社）。ちなみに「間引き」の風習は、アイヌ民族の中にもなかったといわれる。

　多様な出身地からの移住民により形成されてきた天草は、明治期には数多くの「開拓民」を北海道に送った地域でもある。また、貧しさゆえに海外への出稼ぎ者「からゆきさん」を数多く送り出し、朝鮮、台湾、ハワイ、ペルー、チリ、シベリア、サハリン、インドネシア、マダガスカルなど、世界の各地に数多くの移民を送り出した。

第2章 アイヌ民族と朝鮮人のつながり

　1871年、北海道開拓使庁による「開拓民」募集が行われた。北海道開拓を希望する者への報酬は、当時として破格の待遇だった。

　破格の待遇を具体的に見ると、天草の「開拓民」に割り当てられた土地は三十余万坪。各人開墾自由、地代は無料。入地より明治７年までは開墾料として一反につき金二円の報奨金を交付。渡道の旅費、家具類その他すべての運賃、その他の費用は、一切政府の負担。航海中は三度の食事、渡道後は、老若男女を問わず、満三年間、米の補助支給（玄米一日15歳以上７合、７歳以上５合、７歳以下３合）が約束された。薬代は無料、菜料として一人一日三銭、酒も支給。農具支度料は７歳以上の男女一人宛15円（当時小学校長の給料が５円）等である（北野典夫、1985、『天草海外発展史』（上）（下）、葦書房）。

　このような異例の厚遇を提示され、長く貧困の中にいた天草の農民は、「明治維新のおかげで自分たちにも日の当たる時節が巡って来た、本当にいい話がころげこんできた」と喜び、少なくない「開拓民」が北海道杵臼へと渡って行ったという（北野、前掲書）。

　一方、「開拓民」募集にあたる北海道開拓使の側では、開拓農民集団の蝦夷地入地は、非武装であっても国防移民として位置づけをし、「国家的使命感」を持つことを期待していた。

　天草からの21世帯93名は、九州の大村からの入植移民とともに、北海道浦河郡杵臼に到着した。上陸早々、天草からの１人が浦河の浜辺でアイヌと相撲をとったというエピソードが伝わっている。天草の人々はアイヌの人々から生活のさまざまな知恵を学び、先住者として一定の敬意を払っていた。

　北海道庁の役人が「土人（ママ）オテナ（アイヌ酋長）チエバタイは、いまだかつて天草移住民の品行悪しきを見ずと言へり」と記している（浦河町史編纂委員会編、1971、『浦河町史』上巻）。

　後述するが、杵臼はアイヌ遺骨返還訴訟の原告となった故小川隆吉氏の出身地である。

第Ⅰ部　入植者と植民地主義の再考

2　アイヌ民族と朝鮮人のつながり

1　前近代から近代期

さまざまな境界線を越え、人々は移住と移動を繰り返してきた。日本と朝鮮半島とのかかわりは、古代から多くの文献が示すように非常に深いものであったが、江戸時代においては、漂流や漂着が数多く記録されている。

1696年には蝦夷地に漂着した朝鮮人とアイヌ民族の最初の邂逅と交流が友好的な遭遇として記録されている（池内敏、1998、『近世日本と朝鮮漂流民』臨川書店）。

朝鮮から日本へ漂着した朝鮮人は、対馬の「漂民屋」において丁寧に介抱され、食事や衣類が与えられ、朝鮮へと送り返された。漂流民政策は、江戸時代の朝鮮と日本の善隣友好の基盤を育むものだった。しかし、明治以降、日本の近代化の中で、朝鮮と日本の善隣友好関係は急激に悪化していくことになる。

1870年、北海道平取町のアイヌコタンで1人の朝鮮人男性が、アイヌ女性との間に子どもをもうけ、定住している記録と証言がある（石純姫、2017、『朝鮮人とアイヌ民族の歴史的つながり─帝国の先住民・植民地支配の重層性』寿郎社）。

また、1907年に徳島県鳴門や淡路島から、北海道の鵡川に馬喰として移住している朝鮮人が、アイヌ女性と婚姻関係を結んでいる例が複数ある。これらの人々は統計には記録されていないが、近代期の極めて早い時期に朝鮮人とアイヌ民族の深いつながりの一端を知ることができる（石、前掲書）。

また、1883年札幌懸勧業課農務係から朝鮮人に鳥獣猟の許可書を与えているという公文書が北海道立文書館に所蔵されている。

1910年、朝鮮が日本の植民地となり、1911年以降の北海道における朝鮮人の人口は次第に増加する。1917年からは、北海道炭礦汽船が釜山で労働者募集を始め、朝鮮人人口は一挙に1706人になる（朝鮮人強制連行実態調査報告書編集委員会・札幌学院大学北海道委託調査報告書編集室編、1999、『北海道と朝鮮人労働者─朝鮮人強制連行実態調査報告書』札幌学院大学生活協同組合）。

北海道炭礦汽船は、道内の鉄道・炭坑など当時400万円以上の資産をわずか35万円で払い下げられる。炭鉱会社として、植民地の労働者を動員し、それだ

けではなく「労務慰安所」を設置し、朝鮮から「労務慰安婦」を募集・管理した。軍慰安所はよく知られているが、北海道では、炭鉱や鉱山のすべての事業所に、「労務慰安所」を設置していたことが明らかになっている（西田秀子、2003、「戦時下北海道における朝鮮人『労務慰安婦』の成立と実態―強制連行との関係性において」『女性史研究』創刊号、16-36頁）。

やがて、日本の中国侵略が日中全面戦争へと進み、1938年には「国家総動員法」が成立し、翌年には朝鮮・台湾・樺太にも実施される。北海道でも、炭鉱や鉱山、鉄道敷設、ダム建設、飛行場建設などに朝鮮人の労務動員が大規模に行われていく。

労務動員には、募集・官斡旋・徴用という段階があるが、最初の段階から、警察や役場が全面的に管理・支援する体制があり、ほぼ強制的な動員が行われていた。北海道でもそのような朝鮮人の強制労働は数多くあり、日本の敗戦までの朝鮮人の労務動員は約14〜15万人といわれている。

2 戦時期

道路建設、鉄道敷設、炭坑・鉱山など、過酷な強制労働の現場から脱出を試みた朝鮮人たちは、アイヌの家庭で匿われ、アイヌの家を転々とする中で、定住化していくことも少なくなかった（石、前掲書）。強制労働の現場から脱出した朝鮮人は、見つかると見せしめのために、死に至る暴行を受けることが通常であり、脱出した朝鮮人を通報すれば、報奨金も与えられた。多くの日本人は、朝鮮人が逃亡したという警報を聞くと、灯かりを消して息をひそめていたという。

そうした中、アイヌの人々は、消えていた火をもう一度起こし、逃げてきた朝鮮人たちを家の中に迎え入れた。食事を与え、「いま眠ってしまったら、あんたも捕まるし、私も捕まる。明日の朝早く、あの角の家から3軒目の茅葺きの家に行きなさい。その家はアイヌの家だから、きっと迎えてくれるだろう」というように、朝鮮人を匿い、次の脱出先を教えたという。

そうして、アイヌの家を転々とした朝鮮人が、やがてアイヌの女性と結ばれ定住化していくということが、数多くあった。そのようにして結ばれた2人の間に生まれた子どもたちは少なくなかった。

第Ⅰ部　入植者と植民地主義の再考

中には、朝鮮人を匿い朝鮮に帰るために馬車に乗せて、鉄道の駅まで運び、切符を買って渡したという話や、馬車の炭俵の中に朝鮮人を隠し、鉄道駅まで運んだけれど、逃がそうにも逃がしきれず、再び家に連れ戻し、自分の親戚と婚姻関係を結ばせたという話もある。「命を助けるのだ」と言って身内を説得し、朝鮮人を自分の家族にしたアイヌの人がいたのである。

また、逃げてきた朝鮮人が畑にいるのを見て怖がる子どもたちに向かって、アイヌの母親が「驚くことはない。同じ人間なんだから」と言い、食べ物をあげたり匿ったりしたという。

この"同じ人間"という意識をアイヌの人々が持っていたということは、何にもまして非常に重要なことではないだろうか。

戦時期の教条的で一種の狂気にも近い政治プロパガンダに対し、自らの危険を顧みず、他者の命を救うという行動は、国家に盲従する「国民」ではなく、人間としての自立した尊厳ある行為だといえるのではないだろうか。

3　戦後の無縁碑をめぐる記憶の闘争

筆者が郷土史の執筆を依頼された平取町振内は、戦時期に日本のクロム総生産量の6割を算出する八田鉱山があり、空前絶後の活況を帯びた。平取町には8か所のクロム鉱山があり、クロム鉱山にも朝鮮人労働者が動員された事実も、数多くの証言やわずかに残された資料から確認される（札幌鉱山監督局、1937年、1938年、1939年、『北海道鉱業一覧』）。

そして、クロム運搬のために建設が急がれた鉄道敷設や隧道工事には、非常に多くの朝鮮人労務者が動員され、犠牲となった。その事実について、当時の平取村の公文書（埋火葬認許証）に基づき、十数名の朝鮮人犠牲者が振内共同墓地に埋葬されていることを郷土史に記述しようとした。編集委員会は「このようなことが明らかになると国際問題となり、遺骨発掘などをされると迷惑だ」と明言した。

編集委員会の脅迫的な文書が大学や自宅宛に連日届けられた。信じがたい妨害と圧力を受けながらも、クロム鉱山や鉄道敷設工事に伴う朝鮮人犠牲者の埋葬の事実はかろうじて数行ほど郷土史に記載することができた。

第2章　アイヌ民族と朝鮮人のつながり

　埋火葬認許証で確認できた朝鮮人は、ごく少数であったが、郷土史執筆のために行った聞き取りからは、かなり多くの犠牲が出ていたことが予想された。後日、関係者の証言から非常に重要な事実を知ることになった。

　1970年代後半に行われた「墓地整備条例」により、振内の共同墓地が掘り起こされ、わけのわからない大量の遺骨が出てきたという。あまりにも大量であったため、手をつけることができず、その遺骨は共同墓地の真ん中にそのままブルドーザーで集められ、現在は小さな土饅頭のようになっている。この事実について、筆者は平取町情報開示条例に則り墓地整備条例時の報告書の開示を求めたが、現在に至るまで、振内共同墓地の遺骨についての誠実な回答はない。

　前述の「迷惑だ」という、郷土史編集委員で平取町職員の耐え難いほどの冷酷で非情な言葉に象徴されるように、朝鮮人の犠牲や死は無視され蹂躙され貶められてきた。

4　アイヌ遺骨盗掘と「ウポポイ」

　白老町の「民族共生象徴空間」（ウポポイ）の際立った特徴は、「アイヌ精神文化を尊重する機能」として、「大学等にあるアイヌ人骨のうち、遺族等への返還の目処が立たないものは、国が主導して象徴空間に集約し、尊厳ある慰霊に配慮」とする部分である（アイヌ政策推進会議、2011、『民族共生の象徴となる空間』作業部会報告の概要）。

　江戸時代末期から、学問の名において、完全な犯罪ともいえる人骨盗掘が大規模に行われてきた。北海道大学の動物実験室から発見されたアイヌ民族の遺骨は、北海道大学をはじめ、東京大学、京都大学、大阪大学、全国の博物館などに保管され、その数は1700体を超える（植木哲也、2017、『新版　学問の暴力——アイヌ墓地はなぜあばかれたか』春風社）。

　2012年9月15日、母方がアイヌ、父方が朝鮮のルーツを持つ杵臼出身の小川隆吉氏は、北海道大学に対して親族の遺骨返還を求める訴訟を行い、2015年、最初の「和解」を勝ち取った。遺骨は杵臼の墓地に返還され再埋葬されたが、この「和解」には北海道大学からの謝罪はなかった。

　明治期には北海道の多くの場所が天皇家の御料地となり、新冠にも御料牧場

23

第Ⅰ部　入植者と植民地主義の再考

がつくられた。1915年、御料牧場の拡張に伴い新冠姉去（あねさる）のアイヌの人々が強制的に移住させられたところが平取町上貫気別（かみぬきべつ）（現在：旭）である。旭の笹薮の中にアイヌの人々の墓地があり、そこに1つの碑が平取町によって建立されている。この碑には、新冠姉去から強制移住させられたアイヌの人々へ「鎮魂の真」を捧げると刻まれている。

　この墓地のすぐ近くで、二風谷在住のアイヌで環境活動家であり、「山道アイヌ職業訓練学校」を主催しているアシリレラさんが30年にわたって「アイノモシリ一万年祭」を開催している。1週間続く祭りの最終日に、この旭の墓地で先祖供養を行ってきたのである。

　ところが、北海道大学が情報開示している文書から、この平取町の上貫気別の墓地からも6体の遺骨が掘り起こされ、同大学に持ち去られたことがわかり、平取町のアイヌ協会は北海道大学に遺骨返還を請求した。2020年10月平取町二風谷に遺骨が返還され、平取アイヌ協会と行政主導の先祖供養が行われた。

　アイヌ民族から提訴された遺骨返還は、一部で進んでいるものの、謝罪もなく、多くの遺骨はウポポイへ「合祀」された。それは、研究の効率化と過去の犯罪的行為の隠蔽に他ならない。

　アイヌ民族の尊厳を踏みにじる犯罪的行為によって収集された遺骨について、その収集の経緯を誠実に詳細に記録し、それに対する心からの謝罪と慰霊をすることこそ、ウポポイが主張する「尊厳ある慰霊」ではないだろうか。それとはまったく反対に、周到な隠蔽と歪曲によって、一般の博物館施設から離れた場所に存在する慰霊施設の問題点は、たとえようもないほど重大である。

　謝罪なき「和解」とは何なのか。遺骨返還の条件として祭祀継承者の資格があるかどうかを、北海道大学が認定し、認定できなければ返還を認めないなどという「和解」があるのだろうか。加害者からの恫喝的な「和解」は、被害者を更に蹂躙する暴力の極地とさえいえるのではないか。

　アイヌの人々は、土地も名前も言葉も慣習も文化も尊厳のすべてが奪われただけでなく、死後の骨、そして魂までもが奪われ蹂躙され続けている。

　死や魂の物語ほど、ナショナリズムの強固な枠の中でしか語られない。「国民」の歴史や地域郷土史においてもアイヌや朝鮮人は排除されてきた。うっか

り忘れたのではなく、注意深く周到に、アイヌ民族や朝鮮人の存在や死が排除され蹂躙され、冒涜されてきたのである。

5　在日ヘイトの現在

日本の植民地支配は、アジアにおいて過酷な状況下の人間の移動と移住を進行させ、多くの民族の接触と交流をつくり出した。北海道にも、多くの朝鮮人が移住を余儀なくさせられた。日本の植民地支配により、土地を奪われ、生活の基盤を失い、底辺の労働を担う者として移住したり、強制的労務動員で強制連行された人々である。

しかし、大日本帝国の崩壊とともに、植民地支配やアジア侵略の近代史、血統や文化の混合や交流の記憶は一掃された。日本の近代以降の深刻な"記憶喪失"は、現在のヘイトスピーチやヘイトクライムを増殖させている。

国籍や民族に関係なく、そこに住む人々が社会をつくり、文化を構築する。それを記憶することで歴史が刻まれるが、日本では、国家の歴史や地域の郷土史に至るまで、周到に用心深く朝鮮人の痕跡は消されていることが多い。植民地支配の歴史すら、多くの日本人は知らない。

現在も、自分がアイヌであることに誇りを持ち、文化伝承者として活動しながら、自分の子どもにも、朝鮮のルーツがあることを言えないアイヌの人々がいる。

ある自民党国会議員は、自らのブログにアイヌや在日朝鮮人をあからさまに侮辱・愚弄する内容を掲載した。この議員はマスメディアや市民に批判されながらも、謝罪もなく辞職もない。[1]彼女を圧倒的に支持する有権者がいるからである。

民主主義における権力は、上からの圧力ではなく、民衆が自ら望む暴力と暴政を実現する。このことは、重要である。

戦後の日本国憲法を「民主憲法」「平和憲法」と誇ろうとも、国家の根幹にレイシズムがある。レイシズムを基本理念とし、あらゆる法的制度として常態化しているのが、いまの日本である。少なくない在日外国人が、「国民」と同じすべての義務を果たしながら、民主主義の根本理念である参政権すらないこ

25

第Ⅰ部　入植者と植民地主義の再考

とも、多くの「国民」は知らない。日本と同様に血統主義である韓国において
さえも、外国人が 2 年以上定住すれば、外国籍のまま、地方参政権が付与され
る。

6　むすびにかえて

　北海道は、先住民支配と植民地支配が交錯する場所だった。そして、アイヌ
民族と朝鮮人のつながりは、帝国主義の暴力に抗う連帯の場であり、最も抑圧
された人々による権力の及ばない場所、権力を反転する場所としての連帯の反
場所であった[2]。

　貧困からの解放を求め、あるいは多様な事情で、日本各地から北海道への
「開拓民」が生み出された。天草からも多くの「開拓民」が北海道に移住し
た。天草の郷土史家は、天草移民が北海道杵臼に到着した時を「天孫降臨」と
述べ、天草海外「発展史」と評する。「からゆきさん」など、貧困ゆえの海外
移住を誇りに思う、貧困は恥ずかしくないという意識が繰り返し述べられる。
確かに、貧困は恥ではないが、貧困をつくり出すシステムや状況を肯定するこ
とは悪である。そして、貧困の中で最も弱い存在が犠牲になるという状況を誇
ること、それは恥であると断言できる。貧困が生み出す性的搾取・あらゆる搾
取は世界的に極めて普遍的で今日的な問題でもあるからである。

　北海道における先住民アイヌと植民地被支配者である朝鮮人のつながりは、
従来のアイヌ像を覆すものであると同時に、「協力」と「抵抗」の狭間で生ま
れた一瞬の奇跡的な希望の行為として記録・記憶されるべきものであろう。

　こうした局面を大きな視点から再考した時に見えるものは、思考力を失わ
ず、生命の大切さや他者との共存をめざしたアイヌの人々の、「国民」ではな
く、人間としての自立した行為の際立った尊さである。

　また、最近、北・中南米の先住民がアフリカ奴隷の脱出を助け匿い、共生し
てきた歴史が明らかにされてきている。それは、多人種・多民族国家のアメリ
カでも「隠された遺産」として、非常に重要な歴史の一断面を提示している
（Katz, William Loren. 2012. *Black Indians A Hidden Heritage*. New York: Atheneum
Books for Young Readers Simon&Suhuster.）。

北海道や北・中南米において展開した先住民と被植民地の人々のつながり
は、先住民支配と植民地支配、そして帝国主義がもたらす普遍的な暴力の構図
といえるのではないか。その関係性は非常に多様で重層的であり、けっして単
純な美徳だけで語られるものでもなかったかもしれない。しかし、最も過酷な
抑圧と排除の状況の中で、ともに生きることを選ぶことにより、豊かにしたた
かに生存をつないでいくことを可能とした。

グローバル化の中で世界的な規模での絶対的「他者」が常につくり出され、
世界中で強固な排外主義とレイシズムが加速している。だからこそ、差別や排
除を生み出した歴史的事実の検証や確認がいまこそ必要である。国家や国民・
民族の枠を超えて記憶を共有することが重要である。それこそが現在から未来
への和解の可能性につながるものと考える。

分断された世界に抗い、過酷な歴史の中でつながり、ともに生きた人々のよ
うに、権力や資本の恫喝に屈せず、自立した意思を持つ人々の連帯と協力が、
偏狭な排外主義と世界システムの暴虐を超え、多様性に満ちた豊かな世界を生
み出す希望へとつながる可能性があるのではないだろうか。

1)　2024年9月の衆議院選に彼女は不出馬。しかし政治活動は継続する意向である。
2)　フーコーが創出した造語「ヘテロトピア」と呼ぶことも可能かもしれない。実在しな
いユートピアではなく、実在する「(異)他なる場所」。定義自体が明確ではなく、多様
な解釈がされているが、より監視され、分断される社会空間秩序への「抵抗」や「自
由」の可能性をはらんだ社会的空間の潜在性に注目する視点として展開している。

〔参考文献〕
石純姫、2017、『朝鮮人とアイヌ民族の歴史的つながり―帝国の先住民・植民地支配
の重層性』寿郎社
松島泰勝・木村朗編著、2019、『大学による盗骨―研究利用され続ける琉球人・アイ
ヌ遺骨』耕文社

【石　純姫】

第3章　ウィルタから見る北海道、そして日本

1　はじめに

1　2つの発言

まず私が過去に聞いた2つの発言を見てほしい。

A「あっ、ここアイヌの資料館なんだよ」
B「北海道で長年生活してきたが北方少数民族の話は初めて聞いた」

Aの発言は、私が北海道網走市で調査をしていた2010年、近隣住民らしき人が網走市大曲の散歩道を自転車移動している時、同行者に伝えた内容である。その方のいう"アイヌの資料館"とは『北方少数民族資料館ジャッカ・ドフニ』のことである。"ジャッカ・ドフニ"とはウィルタ語で「大切なものを収める家」を意味する。展示物の中には確かに樺太アイヌのものもあったが、サハリンでトナカイとともに遊牧生活していた狩猟・漁撈民族ウィルタをはじめ北方少数民族の衣服類や生活品などが多かった（彼らは戦前戦後大国間の戦争に翻弄された被害者）。

次にBの発言。これは、さまざまな地域での大学講義や市民講座を行った際、何人かの北海道出身者から聞いたものである。

Aのような発言を最初に持ってきた理由は簡単である。戦後長らくその地域に北方少数民族の方々が生活していたにもかかわらず、アイヌ民族と北方少数民族の区別がついていない発言にただただ驚いたからである（現地関係者からも類似例を確認）。ただこれは良いほうであって、実はBのような発言が圧倒的に多いかもしれない。北海道在住者ですらそうなら、それ以外の都府県出身者の認知度はより低いといえるだろう。

2　ゲンダーヌ・アイ子兄妹と主要関連記録に関して

　では、このような状況がなぜ常態化しているのか。

　日本でウィルタと自ら名乗り、ウィルタ文化や歴史の発信者としての役割を担っていたのは、ダーヒンニェニ・ゲンダーヌ（日本名は北川源太郎）と北川アイ子の兄妹であった（これ以降も登場人物敬称は略）。

　しかし、ゲンダーヌは1984年7月8日、アイ子は2007年12月16日に亡くなっている。また、2人を支えた人々もかなり亡くなっており、それらが一要因の可能性は確かにあろう。

　ただし、ゲンダーヌに関しては、直接交流のあった下記著者の書籍からかなりの情報を得ることができる。

> ①田中了・D. ゲンダーヌ、1978、『ゲンダーヌ―ある北方少数民族のドラマ』現代史出版会
> ②田中了、1993、『サハリン北緯50度線―続・ゲンダーヌ』草の根出版会
> ③田中了編、1994、『戦争と北方少数民族―あるウィルタの生涯』草の根出版会

　また、北川アイ子に関しては、親交の深かった弦巻宏史や川村信子への筆者の聞き取り記録などとして、例えば、以下のものがある。

> ④榎澤幸広・弦巻宏史、2012、「ウィルタとは何か？―弦巻宏史先生の講演記録から　彼らの憲法観を考えるために」『名古屋学院大学論集社会科学篇48(3)』
> ⑤榎澤幸広・川村信子・弦巻宏史、2012、「オーラル・ヒストリー：ウィルタ・北川アイ子の生涯」『Discussion paper (92)』

　田中の著作がどちらかといえばゲンダーヌ側の視点（ウィルタ男性の視点）を意識して記述されていることから、⑤は、北川アイ子側の視点（ウィルタ女性の視点）を意識した構成となっている。特に、アイ子が語った内容を弦巻が28段落の文章にまとめた『私の生いたち』（非売品）をより詳細に読み解くために、筆者が弦巻・川村両人に対し、段落ごとに質問形式のインタビューをしている。④は、ウィルタ刺繍サークル・フレップ会新入会員に対しジャッカ・ドフニ内で行われた、弦巻の講演記録である。そこでは、展示物紹介にとどまらず、北川アイ子の日常生活、大国間の戦争に翻弄されたウィルタの歴史などに関し幅広く紹介されている。

第Ⅰ部　入植者と植民地主義の再考

3　筆者の話を聞いたり書物を読んだ後の変化

　筆者は田中の前掲書に初めて触れた時、自分自身の無知を自覚し、何かしなければならないと思った。そこから講義での紹介や記録を残す作業を行うようになった。そのことによって、中学生や社会人の方が「このような記録をよくぞ残してくれた」「この記録を基にウィルタの人たちの足跡を辿ってみたい」と連絡をくれたことが何度かある。

　また、筆者の講義を聞いた後、北海道出身であるか否かに関係なく、彼らの多くが「これは知らなくてはならぬ歴史だ」「義務教育時に教えるべき内容ではないか」「私自身が語れるようになりたい」など、これらの記憶を残すことや伝承し続けることの重要さをコメントしてくれた。

　現在、世界情勢がきな臭くなってきているからこそ、国家や大国間が引き起こした戦争が、少数民族の人生にどのような悪影響を与えるのか、再確認することは重要であろう。そして、語れる者が少なくなっている状況下において、その戦争記憶を風化させないようにするために、私たち一人ひとりに何ができるか、何を訴え続けなければならないか、国がすべきことは何か、少しでも考えるきっかけになればと思う。

2　2人の兄妹の足跡

1　大国間に翻弄された北方少数民族

　では、大国間に翻弄された北方少数民族の歴史とはどのようなものであろうか。

　1982年5月、網走国定公園内に建てられた慰霊碑キリシエ（少数民族ウィルタ・ニブヒ戦没者慰霊碑）には関連する文言が刻まれているので、そこから話を始めてみようと思う。

　　碑の表側：
　　「靜眠」「君たちの死をムダにはしない　平和のねがいをこめて」

　　碑の裏側：
　　「1942年　突然召集令状をうけ　サハリンの旧国境で　そして戦後　戦犯者の汚名をきせられ　シベリアで非業の死をとげたウィルタ　ニブヒの若者たち　その数30

第3章　ウィルタから見る北海道、そして日本

名にのぼる

　日本政府がいかに責任をのがれようとも　この碑はいつまでも歴史の事実を語り
つぐことだろう　ウリンガジ　アゥパッタアリシュ（静かに眠れ）」

　この石碑建立はゲンダーヌが望んだ3つの小さな夢（ヌチーカ　トリチビ）の
うちの1つであるが、そこから読み取れることは、①ウィルタやニブヒの若者
たちが日本軍に召集されたこと、②それを理由に戦後戦犯者としてシベリア抑
留されたこと、③日本政府がこの点に関する戦後補償を行っていないことであ
る（本章でとりあげた文献は本稿を書く上でのベースになっているが、これ以降の解説
は1節2の資料〔特に④⑤〕を基に整理）。

　大日本帝国領土であった南樺太時代、ウィルタ、ニブヒ、サンダー、キーリ
ン、ヤクート（総称は「北方少数民族」）は、敷香のオタスの杜に強制的に集め
られ生活させられることになる（当時「土人の杜」として喧伝され、観光名所化）。
「原住民戸口調査」（1941年、『樺太庁統計書』）には、最も多いのがウィルタ287
人55戸、次がニブヒ97人27戸で合計425人92戸と記載されている。当時の樺太
庁資料では、彼らを言語能力に劣るいまだ動物的な生活を行う「無知蒙昧で怠
惰な土人」と位置づけている（文字を持たない部分が強調されるが、実は他言語修
得能力に優れていた）。したがって、彼らの智徳の啓発・生活の改善のための敷
香土人教育所が設置（1930年）され、そこで皇民化教育が行われることになる
のである。

　戦争が激化し始めた1942年頃、北方少数民族の身体能力の高さに目を付けた
特務機関が若者たちを召集し、諜報活動要員として養成していった（①の部
分。その他の者は憲兵隊徴用、女子挺身隊やトナカイ部隊に動員）。ソ連側も北樺太
で同様のことをしていたらしい。

　1945年8月8日のソ連対日参戦後、生き残った北方少数民族の男性たちは日
本軍に協力した戦犯者として相当数シベリアへ送られたため、残された家族の
ほとんどは女性や子どもばかりとなった（②の部分）。抑留者はウィルタ31人
（うち、16人抑留中死亡）、ニブヒ16人（うち、9人抑留中死亡）、サンダー2人だっ
たといわれる。

　10年もの抑留生活を終えたゲンダーヌは帰省先として日本を選択し、その後
に故郷に雰囲気の似ている網走にて生活を始めることになる（これをきっかけと

31

第Ⅰ部　入植者と植民地主義の再考

し、アイ子を含む家族も網走に引き揚げることになる）。

　1975年、かつての上官の手紙により、軍人恩給がもらえることを知り、国に申請したが、1）戸籍法の適用を受けていない者には兵役法が適用されないこと、2）兵役法のもと、特務機関長には召集権がないこと、3）兵役法に基づかない召集令状は無効であること、4）無効の召集令状を知らずに受けて従軍し、そのために戦犯者として抑留されたとしても日本政府の関知するところではないこと、5）現行の恩給法のもとでは適用外であること、を理由に認められなかった（③の部分）。

2　北方少数民族復興運動

　このような国の態度は、それまで内向的であったゲンダーヌの生き方を変えることになる。死んでいった仲間（同胞）たちのため、ウィルタの文化を守るために、日本人・北川源太郎と訣別することにしたのである。そしてこれ以降、3つの小さな夢を実現するために奔走していくことになる。この夢は、①資料館建設、②サハリン同族との交流、③慰霊碑設立であり、北海道の教員や関係者が集まるウィルタ協会などの協力を得て、次々と実現していった。

　この資料館は、ガラスケースに閉じ込められた従来の資料展示手法とは異なり、展示物のほとんどを手に取って触ることができたし、彼らが長年培ってきた技術のすばらしさも感じることができた。例えば、財布（グマーリニッカ）はトナカイの皮をなめしてつくられているが、ウィルタのトレードマークと思われるハート型の紋様（イルガ）は表側に刺繍されているのみで財布の内側のどこを見ても、刺繍跡が見当たらない。

　北川アイ子はこの資料館の存在に関し、「私は、『自分の民族の文化が残る』『私が死んでも残るんだ』と思うと、本当に嬉しいのです」と語っている（1節2の⑤に所収されている『私の生いたち』〔非売品〕17段落）。ただ、アイ子死去数年後、資料館老朽化や維持費確保困難を理由に、2011年に閉館してしまった。幸い、同じ網走市にある道立北方民族博物館が展示物を引き取り、定期的な展示を行っているという。

　しかし、『私の生いたち』20段落目には以下のような記述がある。

第3章　ウィルタから見る北海道、そして日本

　子供達は、「ウィルタは、叔父ゲンダーヌがにせの赤紙でだまされたように、アイ
ヌよりもエンチュー（樺太アイヌ）よりも、下に扱われてきたんだ。だから母さん
がウィルタを名のっても、自分は今後、名のらないことにする。」（息子）といって
います。

　『私の生いたち』の中には、網走へ引き揚げ後、子どもたちの手紙や時計の
中まで刑事に調べられたこともあったという記述もあるので（13段落）、文章に
は記されていない類似事例が幾重幾層にも重なって表出した発言と捉えること
もできるかもしれない。

3　国が行うべきこと

　ただ、子どもたちは自分のアイデンティティである“ウィルタ”を隠す必要
はないはずである。しかし、差別や戦争被害を受け続けてきて、そして身近な
存在であるゲンダーヌやアイ子の苦悩や闘いを見続けてきた結果、自らのアイ
デンティティが正当なものであるか否か判断しかねる揺らぎや、否定的傾向が
生じてしまっているのかもしれない。彼らが誇りを取り戻す方法は何であろう
か。
　この点に関し、1つのヒントになるのが、オーストラリアや南アフリカの取
り組みである。

1　オーストラリアの事例

　オーストラリア政府は1997年、報告書『Bringing them home』を作成して
いる。これは、人権及び平等機会委員会法11条（1986年）に基づき、1995年か
ら、当該委員会（HREOC）が、盗まれた世代（stolen generation）をはじめとす
るアボリジニやトレス海峡諸島民に対して、国が過去に行ったことを調査した
ものである。“盗まれた世代”とは、白人とアボリジニの間に生まれた子ども
を中心に、アボリジニの集落や親元から強制的に引き離し、施設や白人家庭に
預けられた者を指し、その人数は数万人に及ぶという。したがって、その報告
書には被害者に対する聞き取りも含まれ、基本的に聞き取った内容は正誤を問
わず、可能な限りそのまま記載するという体裁をとっている。

33

第Ⅰ部　入植者と植民地主義の再考

　11年後の2008年2月13日、ケビン・ラッド首相（当時）は議会にて『盗まれた世代への謝罪』演説を行っている。その中に例えば、「こうした盗まれた世代の人々と彼らの子孫の痛みや苦悩、苦しみに対し、また取り残された家族に対しお詫びする。家族及びコミュニティーの崩壊に関して、母親や父親、兄弟、姉妹に対し、お詫びする」、「そして、誇りある人々、誇りある文化が斯くして侮辱され、貶められたことをお詫びする」といった発言が見受けられる（鍵括弧内の訳は在日オーストラリア大使館訳〔2008年2月13日プレス・リリースTK07/2008〕）。

2　南アフリカの事例

　南アフリカ真実和解委員会（TRC）は、この国が、白人が支配するアパルトヘイト国家から人種に関係なくみんなが平等に参加できる民主主義国家へ生まれ変わる際、過去の不正義を二度と繰り返さないようにするため、それらの記録化や補償を行う組織として誕生した。TRCは、1960年3月1日（シャープビル大虐殺直前）から1994年5月14日（マンデラ大統領就任）までの対象期間の制限はあるものの、国内外を問わず、その時期に生じた重大な人権侵害の一つひとつを把握しようとした。被害者には彼らが受けた人権侵害を話す機会を与え、人間的市民的尊厳の再建・回復をもたらす措置をとることになっている。この点に関連するのが、補償・回復に関する小委員会（R&R）である。職務は、被害者の身心への補償、死体発掘や墓碑の設置、ストリートや公共施設の改名、記念日や記念碑の設置など被害者・家族・コミュニティー全体のリハビリ・ヒーリングに関する政策提案や勧告書を作成することにある。

　また、TRCは、政治的目的に結びついた、上記の期間内に行われた加害行為に関する十分に適切な事実を公表した者に「アムネスティ」（大赦）を認めるという、従来の刑事手続とは異なる措置を採用しているが、加害者へのヒアリングの際には被害者の参加・質問も認められる。アパルトヘイトの全容解明や記録を残すことに比重を置くという点では重要な実験を行っているといえる。

　これらの内容は国民に報告するにとどまらず、政府公式サイトから全世界の人々がアクセスできるようにもしている点にも新生南アフリカの覚悟を伺うことができよう。

3 日本国憲法からの導出可能性

　オーストラリアも南アフリカもこのようなプロセスを踏んだ理由は、一人ひとりの生き方が尊重される多様性豊かな社会の創出にあろう（マンデラは「虹の国」建設と言っていた）。そのためにも政府主導で行われた「過去の不正義」に目をつぶらず、それを踏まえた上でのネーション・ビルディングへの道を開いたのである。はたして日本はどうであろうか。日本国憲法の条文からも同様の手続を行える可能性を読み取ることができる。例えば、前文の「政府の行為によつて再び戦争の惨禍が起ることのないやうにすることを決意し、……この憲法を確定する」という部分である。まさに、北方少数民族は政府による過去の不正義が生み出した戦争被害者である。これらを明らかにする責任は政府にあり、両国のような補償や謝罪などを行ったうえで、彼らが望むのなら北方少数民族の一人ひとりを主権者として位置づけ直し、ネーション・リビルディングする必要がある（従来の筆者は上記事例も含むさまざまな事例分析に関し「記憶の記録化」にのみ重きを置いていた。例えば、榎澤幸広「記憶の記録化と人権」石埼学・遠藤比呂通編、2012、『沈黙する人権』法律文化社）。

　また、彼らは劣った民族として差別されてきたのみならず、彼らの尊厳も事あるごとに踏みにじられてきた。例えば、ゲンダーヌは1977年7月30日、歴教協全道研究集会（松前）にて「…戦争の時には日本人として使う。戦争が終わればまた棄てる。チクショウ、私たちは犬コロじゃないんだ。ええい、チクショウ！いつになったら戦後は終るのか…」と述べている（前掲書『ゲンダーヌ』、84-85頁）。また、北川アイ子も『私の生いたち』（非売品）8段落目で以下のように述べている。

> …戦争に負けると日本人は、「お前達はもともとソ連人だからオタスに残れ。」と言いました。日本の教育はウソだったと心から思いました。日本に裏切られたと思いました。心が鬼にならなければ生きていけないと思いました。日本人が信用できなくなりました。

　繰り返しになってしまうが、人権侵害を受けてきた者たちの声を聴くことこそ（これは死者の声も含む）、未来志向のより良い人権保障社会をつくることができると考えられる（憲法97条）。上述の両国が取り組んだように、本来は生者

の段階でこの声が反映され、尊厳が回復されるのが一番なのだが…。2人の存在を永久に失ってしまったいま、そして、名のる者もいない中、さまざまな資料や記録からその声をまずは読み解いていくしかないのである。

4　おわりに─私たちにできる最初の一歩とは

では改めて、私たちにできることはまずは何であろうか。二度とこのような存在を生み出さないことであるのはいうまでもない。そのためにも、支援者らと同様、ウィルタの記録の再整理、現地調査、国や自治体への請願陳情、自らの選挙区議員に発言してもらうことなどを行う必要がある。

国会議員の中には、国会発言や質問主意書を通じて、北方少数民族の戦後補償問題を政府に突きつけており（例えば、紙智子、児玉健次や鈴木宗男など）、国会会議録検索システムでそれらを確認することができる（また、自治体議会でも発言している者もいるかもしれない）。

その他、新聞記事データベースを活用するという手もある。これは大学図書館に限られたものではなく、自治体図書館の多くでも利用できるデータベースであるので、全国紙のみならず、地元紙がどの程度、北方少数民族関連の記事を扱っているか検索できる。例えば、私の所属する名古屋学院大学図書館にある新聞記事データベース（①日経テレコン21、②朝日新聞クロスサーチ、③中日新聞東京新聞記事データベース）を活用し、北川アイ子死去（2007年12月16日）以降の特徴的な記事を紹介してみたいと思う（確認は2024年9月11日）。

①─「ダーヒンニェニ・ゲンダーヌ氏（死去）」（1984年7月10日付日本経済新聞記事）、「北大で人骨放置─文学部施設、ウィルタ民族など6体。」（1995年8月4日付日本経済新聞記事）や「戦時中、日本軍徴用の少数民族、サハリンに慰霊碑完成─遺族ら参列、あす除幕式。」（1997年8月23日付日本経済新聞記事）などは見受けられるが、指定日以降の記事は見当たらなかった。

②─例えば、ゲンダーヌによるサハリン再訪（1981年）をきっかけに先住民族問題に関心を持ち、調査を続けている親類の北島リューバのこと（2012年12月25日付朝日新聞記事「（ふるさとは樺太　サハリン残留日本人の今─4）先住民の苦難、照らす／北海道」）、ウィルタなど「歴史の空白」ともいえる樺太の40年を1

第3章　ウィルタから見る北海道、そして日本

人でも多くの人に知ってもらうために教科書会社に記述改善を要請する活動を続けてきた「札幌郷土を掘る会」のことも記事になっている（2013年2月26日付朝日新聞記事「（北の文化）樺太体験を掘り起こして─下　強制連行・差別　小松豊／北海道」）。

③─上官であった扇貞雄が日本軍に協力し殉じた異民族の鎮魂を祈り、1975年に神戸護国神社境内に建立した「北方異民族慰霊之碑」のこと、そして扇の死後、息子が慰霊祭を引き継いでいるという記事があった（2015年4月30日付東京新聞朝刊記事「太平洋戦争で旧日本軍に協力　異民族の慰霊40年　神戸　元軍人の父と息子」）。

北方少数民族問題をここまで明らかにしたのは、程度の差はあるものの、この問題に心を痛めた民衆一人ひとりの力である。福田村事件をはじめとした関東大震災時のジェノサイド事例に関しても、民衆一人ひとりが少しずつ資料を発掘し以前よりも全容が見え始めたように、それらの力を合わせれば、この問題の全容も以前より明らかにできるかもしれない。読者のみなさんも含め、みんなで協力し、より良い方向につなげられればと思う。

〔参考文献〕
榎澤幸広・弦巻宏史、2012、「ウィルタとは何か？─弦巻宏史先生の講演記録から彼らの憲法観を考えるために」『名古屋学院大学論集社会科学篇48(3)』
榎澤幸広・川村信子・弦巻宏史、2012、「オーラル・ヒストリー─ウィルタ・北川アイ子の生涯」『Discussion paper（92）』

【榎澤幸広】

第4章 北海道開拓とキリスト教

1 はじめに

「開拓伝道」という言葉がある。主にキリスト教会で用いられ、まだキリスト教が伝えられていない地域で布教活動を行い、新たな信徒をおこして教会を建て上げようとする活動を意味する。ただの「伝道」が、すでに建てられた教会をベースとして行われる活動であるのに対し、「開拓伝道」にはゼロからのスタート、つまり何もないところから教会を生み出す、といったニュアンスが含まれる。現在のパレスチナで生まれたキリスト教が、ローマ帝国を含む地中海世界へ、さらにヨーロッパを経由して世界各地に拡大していく原動力となったのが、さまざまな開拓伝道の営みだったといっても良い。

北海道開拓の歴史においても、さまざまな布教活動によってキリスト教が広められてきた。明治期に本格化したキリスト教宣教は、「内地」（本州以南）では既存の寺社がある中で行われたのに対し、北海道ではアイヌの信仰以外はすべて外来のものであり、神道も仏教もキリスト教も、いわば同じスタートラインからの「開拓伝道」であった。キリスト教宣教のパターンを大別すると、①外国人宣教師による開拓伝道、②キリスト教に動機づけられた植民活動、③移住者の連携による教会形成、④日本人伝道者による個別的な開拓伝道、⑤キリスト教諸教派による組織的な開拓伝道、などがある。本章ではこのうち、②キリスト教に動機づけられた植民活動に注目して、宗教が北海道開拓に及ぼした影響の一面を素描してみたい。

2 キリスト教植民の背景

明治維新により発足した新政府が抱えた社会問題の1つは、士族授産、つま

第4章　北海道開拓とキリスト教

り幕藩体制の崩壊により行き場を失った士族に生活の場を与え、治安を回復することであった。その対策として、移民による北海道開拓が進められたのである。明治政府はまず北海道を「無主の地（terra nullius）」として国有化し、1885年には御料局を設けて2万平方キロメートルもの土地を皇室の所有地とした。そして「北海道土地払下規則」（1886年）や「北海道国有未開地処分法」（1897年）といった法令により、土地を移民に払い下げて開拓・農地化しようとした。1876年に創立された札幌農学校も、旧武士や華族、財閥らを地主とする大規模機械化農業を想定していた。

　これとほぼ時を同じくして、明治政府によりキリスト教禁教令が解かれる（1873年）ものの、既存の宗教勢力による迫害や一般市民の間にある嫌悪感情はなくならなかった。地域社会との日常的ないさかいを経験し、肩身の狭い思いで信仰を保っていたキリスト教徒たちの間で、北海道という新しい土地で周囲を気にすることなく、自らの信仰を存分に開花させたいという思いが生まれた。それが、植民を強く後押ししたことは容易に想像できるだろう。

　また、北海道は「北門の鎖鑰（戸締まりを厳重にすること）」と呼ばれ、ロシアの南下政策に対抗する要衝として、植民政策は安全保障上の意味も帯びていた。北海道開拓が、経済と安全保障の両面で最重要の国策として喧伝されたことが、「内地」におけるキリスト教植民への関心をかき立てることになる。それはしばしば、アメリカ大陸をめざしたピューリタン（清教徒）になぞらえられ、植民活動は北海道を信仰的に清め、ひいては北の守りを固めようという報国精神の発露でもあった。キリスト教には世俗の国家を忌避したり距離を置いたりする思想的契機がある一方、ローマ帝国における国教化（392年）以降は国家権力と結びつき、これを助け支える思想的契機もまた存在する。日本に伝えられたキリスト教は西欧キリスト教世界を経由したものだったことを考えると、北海道開拓を志すキリスト教徒の動機にナショナリズムが含まれていたことは、格別に特異なものではないといえよう。

39

第Ⅰ部　入植者と植民地主義の再考

3　主なキリスト教植民のケース

1　赤心社（元浦河・1881〜）

　赤心社は、鈴木清らによって神戸で設立された民間の移民団である。キリスト教徒で農学者でもある津田仙（5000円札でも知られる津田梅子の父）の、キリスト教精神に基づく北海道開拓を奮励する声に励まされての設立であった。副社長の加藤清徳を中心に入植地が選定され、日高国浦河郡のおよそ330ヘクタールの払い下げが認められ、1881年に第一次の移民（28戸52人）が入植した。

　赤心社は赤心報国（誠意をこめて国のために尽くすこと）を社名の由来とし、「宗教の自由」を原則としたため、キリスト教徒のみによる移民団ではなかった。しかし、鈴木や加藤をはじめ指導者らはキリスト教徒であり、日曜日には仕事を休む、禁酒禁煙といったキリスト教らしさを思わせる規則が適用されていた。1885年に開拓使から交付金を得た時は、これを使って教会堂（旧浦河公会堂）が建設され、礼拝だけでなく集会場や学校としても用いられた。他宗教に対して柔軟な姿勢を持ちつつ、キリスト教精神を堅持することで集団の倫理的水準を保った赤心社は、その後も事業内容を改廃しながら、赤心株式会社として現在も存続している。

2　インマヌエル村（今金・1891〜97）

　インマヌエル村は、京都同志社の学生であった志方之善と丸山伝太郎らによって開拓された集落である。改進党の犬養毅らに対して払い下げられた、利別原野の一部（200ヘクタール余り）を受けての入植である。同志社や組合教会の関係者が京都、群馬、埼玉などから入植し、1893年には地名をインマヌエル（ヘブライ語で「神は私たちとともにある」の意。なお戦時中に敵性語として神丘と改名された）とし、キリスト教主義への同意、禁酒を含む風紀の遵守、祝日・日曜日の休業と相互扶助、自由自治と各自の独立を定めた村内独自の「憲法」を制定した。入植にはキリスト教徒であることが必須とされたが、逆に農業や厳冬の経験のない者が多く、開拓には困難が伴った。また、入植したキリスト教徒の間で、教派の違いから集会の持ち方や信仰のあり方などについて、見解の

相違が次第に表面化し、1896年には聖公会（英国国教会系の教会。現在の今金イン
マヌエル教会）と組合派（会衆主義の立場をとる教会。現在の日本キリスト教団利別
教会）という2つの教会に分かれることとなった。信仰を持たない一般の入植
者も開拓に混じるようになり、キリスト教徒による共同体は、教会という形の
うちにかろうじて存続することになった。

3 聖園農場 （浦臼・1893～1909）

　聖園農場は、武市安哉らが組織した高知殖民会によって1893年に設立され
た。武市は四国の政治家で、高知県議会議長や帝国議会（衆議院）議員も務め
た自由党員であったが、北海道の未墾地政策の実情を視察し、札幌農学校の働
きとそこに宿る開拓者精神（フロンティア・スピリット）に感銘を受け、浦臼に
およそ630ヘクタールの払い下げを受けて、議員の職を辞して入植したのであ
る。高知出身のキリスト教徒27人が入植し、草小屋の「祈りの家」を建て、日
曜の礼拝を守り、禁酒も実践された。

　武市は翌1894年、高知からの帰途に脳溢血で急逝する。後継者の土居勝郎が
政界に進出したり、資金的に行き詰まったりして、聖園農場は1909年に銀行の
手に渡る。しかし、北見の北光社（後述）に参画した前田駒次のように、ここ
から他の開拓地へ移ったり開拓移民として海外へ渡ったりして、聖園農場の精
神は継承されることになる。なお、「祈りの家」は日本キリスト教会聖園教会
として、現在も存続している。

4 北光社 （北見・1897～1914）

　北光社は、坂本直寛（坂本龍馬の甥）によって設立された開拓団である。坂
本は武市安哉（前述）の同志として、自由党や高知県議会で活躍し、武市の聖
園農場にも触発されて北海道開拓を志した。北見のクンネップ原野およそ1800
ヘクタールの払い下げを受け、北の地に光を、北の果てに神の栄光を、との思
いで「北光社」と名づけたという。1897年に最初の移民（112戸約500人）が入
植したが、坂本は翌1898年に聖園農場に移って伝道活動に従事する。坂本に代
わって北光社の事実上の指導者となったのが、聖園農場出身の前田駒次であ
る。前田は農場長として農事指導の責任を担い、水害や冷害に対処しつつ、北

第Ⅰ部　入植者と植民地主義の再考

海道には向かないとされていた稲作に成功し、農作物を有利に売るため鉄道の敷設にも尽力した。その後、北光社は経営が悪化し、1914年に農場が人手に渡ることとなるが、同年には宣教師として道内各地の農村伝道に携わっていたピアソン夫妻がこの地に居を構え、キリスト教宣教と社会教育に尽力した。

5　学田農場 （遠軽・1897〜1911）

学田農場は、北海道同志教育会が募集した移民団によって開拓された集落である。移民の大半が新潟や山形の出身ということもあり、米をつくりたいとの願望が強く、試験栽培に取り組んで収穫にこぎつけるなどの成果を出した。北海道同志教育会は、キリスト教徒から成る団体で、北の新天地で理想の教育を実践しようと志す人々の集まりであった。武市安哉（前述）は、聖園農場に開拓労働学校をつくるとの構想を持っていたといわれており、それに共鳴した野口芳太郎や押川方義（東北学院々長）、信太寿之（札幌北一条教会元牧師）らによって学田農場が発足する。ゆくゆくは、農地を３万ヘクタールにまで拡大し、そこから得られる収益をもってキリスト教主義に基づく大学を設立・運営することをめざしていたが、移住者は必ずしもキリスト教徒ではなく、本州のやり方をまねた農法は北海道の厳しい気候には適さなかった。洪水や天候不順にも見舞われ、北海道同志教育会の資金繰りも順調ではなく、新たな移民を募集することもできなくなった。

キリスト教大学の設立という夢は破れたものの、野口は北見でキリスト教伝道を手がけて北見青年会を1899年に結成する。自宅を開放して夜学で青年を教育する学習会は、やがて冬期学校に発展し、討論会・談話会・農事研究会などが企画された。この活動から日本キリスト教会遠軽教会が誕生し、ピアソン夫妻（前述）らの支援もあって1922年には北海道初の自給教会（財政的な自立を達成した教会）となって、現在に至っている。

6　北海道家庭学校 （遠軽・1914〜）

いわゆる「開拓」のイメージからはやや外れるが、北海道家庭学校は、岡山出身の牧師である留岡幸助が1914年、挫折した学田農場に隣接する原野に設立した、農場方式による少年感化教育施設である。留岡は当初、北海道空知集治

監（三笠市）の教誨師を務めていたが、日本における受刑者の劣悪な扱いに疑問を持ち、欧米の監獄制度や社会福祉事業を学び、少年の感化教育の重要性を確信するようになる。留岡もまた、教誨師を務めていた時に「北海道冬期学校」を開設し、雪のため農作業ができない冬の期間を用いて、農村の青年たちに農業の専門知識だけでなく、常識や教養を身につけさせようとした。留岡はまた、東京での感化教育の経験から、不良少年の教育には自然豊かな環境をつくることが最重要で不可欠と考え、しかも少年を感化農場に閉じ込めるのではなく、周辺農家を含む地域社会の営みから遊離しない教育農場をつくろうと考えた。

　留岡の構想は、あくまで教育施設の設立・運営であり、原野の開拓はその資金源としてのものであった。必ずしも、農地を拡大して貧農から脱却することを狙いとするものではなかったのである。入植者への助成や養鶏・牧畜の導入など、農村の生産と生活を向上させる工夫が行われたものの、凶作や農産物価格の暴落など、経済状況は良くなかった。一方、福祉施設としては北海道庁の認可を受けたり、北海道開発功労賞を受賞したりして着実な発展を遂げた。北海道家庭学校は1952年に社会福祉法人に改組され、現在も児童自立支援施設として運営されている。

7　江別キリスト村（江別・1947〜63）

　北海道開拓は、戦前の植民政策をもって終わるわけではない。日本政府はアジア太平洋戦争下に「緊急入植政策」として、戦災者・「外地」（敗戦前に日本の支配下にあった朝鮮、台湾、満州など）からの引揚者・復員軍人らの当面の生活の場として、全国の国有林や未墾地を提供しようとした。例えば、当時衆議院議員であった黒澤酉蔵（酪農学園大学の創設者）は、空襲の被害者らを組織的・計画的に北海道に誘導して安住の地を与え、食糧の生産と軍需の増産に役立てることを構想した。食糧増産と北海道開発を一気に進めようとしたこの案は、しかし、惨憺たる結果となった。戦火を命からがら逃れた人々にとって、酷寒の原野が安住の地になるわけがなく、農業の経験がない人々には家づくりすらままならなかったからである。

　そんな中、北海道に人を「送り込む」のではなく「迎え入れ」ようとしたの

第Ⅰ部　入植者と植民地主義の再考

が、札幌で洋菓子店「ニシムラ」を経営していた西村久蔵である。キリスト教徒でありながら主計将校として従軍したことを西村は深く反省し、戦後、満州を追われて帰国する農民たちを北海道に受け入れる体勢をとらなければならない、と考えた。キリスト教信仰に根ざした理想の農村をつくろう、というビジョンのもと、彼は幌向原野の泥炭地に入植し、「キリスト村」を設立する。泥炭地は畑作に向かない湿地で、排水と客土を繰り返さなければならない。開墾は困難を極め、西村は持病を悪化させて札幌に戻ることになる。西村の死後も江別キリスト村は友愛会（キリスト教協同組合）のもとで活動するが、同じ地域に一般の入植者も混じるようになり、1963年に友愛会は解散する。

4　入植の歴史とどう向き合うか

　ここまで、キリスト教に動機づけられた宗教植民のケースを概観してきた。キリスト教信仰を土台とした理想の共同体を新天地に建設しようという目論見は、結果としてはおおむね実現することなく、その痕跡のみを残したといえる。ただ、それは北海道の開拓にあたって、資金などの物質的な支えのみならず、精神的支柱とも呼ぶべきものが重要な役割を果たしたことを否定するものではないように思われる。しかもそれは、特定の個人の内心における宗教的情熱にとどまらず、入植した一家一村を精神的に結びつけ、いわば運命共同体として開拓地で生きることに意味を与えるものである必要があったであろう。それが（特に戦前には）国家を自然的な共同体と捉え、私欲を捨ててこれに尽くすことを要請するナショナリズムと容易に結びつきうるものであったことは、すでに述べた通りである。北海道開拓では神道や仏教もまた「開拓伝道」に取り組み、寺で日曜学校が開かれるなど、時にはキリスト教会と競い合う形で布教が行われた。開拓の歴史には、原野を何ヘクタール切り拓いたなどの目に見える成果だけでなく、過酷な生活の中で人々が精神的なよりどころを模索した足跡もまた、認められるのである。

　本章で概観したキリスト教植民のケースでは、「伝道」よりも「開拓」に主眼が置かれていたことが見て取れる。いずれも入植者の選定の段階でキリスト教徒であることを条件にしたり、入植に際してキリスト教主義にコミットする

第4章　北海道開拓とキリスト教

ことを約束させたりしたうえで、前人未踏の原野を開墾し、理想のキリスト教共同体を創出しようとしたのであり、人々のいるところへ赴いて布教を行う「伝道」活動はそもそも想定されていなかったのであろう。それは、これらキリスト教植民の記録において、先住民であるアイヌの人々とのかかわりがほとんど見られないことにも示唆されているように思われる。実際、アイヌへの伝道は主に外国人宣教師によって担われ（前述の①のパターン）、和人による「開拓伝道」の主眼も多数派である和人移住者に向けられていた。

　もちろん、このことは北海道におけるキリスト教の展開がアイヌモシリ（アイヌ語で「人間の住む大地」、北海道もこの中に含まれる）の植民地化プロセスの一環であったことをいささかも否定するものではない。「開拓伝道」に見られるキリスト教の宣教活動は、とりわけ15～19世紀に海外宣教として盛んに行われ、その活動は欧米列強の植民地拡大戦略と手を取り合う形で拡大されてきた。北海道の開拓と軌を一にして行われたキリスト教植民活動もまた、その例外ではないだろう。今世紀に入って、「先住民族の権利に関する国際連合宣言」（2007年）などをきっかけとして、「無主の地」を切り拓いて今日の繁栄の礎を築いた、という従来の勝利者的な歴史理解を見直し、その負の側面にも向き合おうとする試みがなされている。その中で、植民地化とキリスト教の関係についても新たな光が当てられつつある。

　例えば、カナダでは、2008年にカナダ真実和解委員会が設立され、先住民寄宿学校における人権侵害を文化的ジェノサイドと認定した。寄宿学校は政府の資金によってキリスト教会が運営し、先住民の子どもたちを固有の文化・宗教から引き離し、キリスト教を含む支配的な白人文化に同化することを目的として、1831年から1998年の間に140校が設けられ、およそ15万人の子どもを収容した。英語教育の強制、家族との面会の禁止、中途退学の禁止、職業訓練の名目での強制労働、同意なしの科学的実験、懲罰としての身体的・精神的・性的な虐待などが行われ、栄養失調や感染症（結核やインフルエンザなど）により在学中に死亡した生徒は6千人以上ともいわれる。生徒たちは先住民としてのアイデンティティが失われる一方、白人社会からは人種的に差別され、自由で対等な市民生活は享受できなかった。1980年代後半から寄宿学校を運営した各宗教団体が謝罪を表明するようになり、2008年にはカナダ政府が公式に謝罪を表

45

明した。2015年には真実和解委員会の最終報告書がまとめられ、その結論には
和解のための94項目の行動要請が盛り込まれた。

　行動要請は、カナダ政府、自治体、司法機関、教育機関など、カナダ社会の
幅広いセクターが国民和解に向けて実践すべき具体的な行動が網羅されてい
る。とりわけキリスト教会に対して、教会が「発見の教義」をもって植民地支
配を神学的に正当化してきたことを反省し（49項）、「先住民族の権利に関する
国際連合宣言」を和解プロセスの枠組みとして支持し、先住民族による霊的伝
統・習慣・儀式の実践・発展・教育を尊重し（48項）、教会が植民に果たした
役割を教会において教育し（59項）、先住民族の癒し、文化振興、教育と伝承
のための基金を設ける（61項）ことを求めている。

　「先住民族の権利に関する国際連合宣言」が採択された時、これに反対票を
投じたカナダにおいてさえ、国を挙げて先住民族との和解がめざされている現
状は、平和に向けて北海道がひらかれるべき方向性の1つを指し示しているよ
うに思われる。キリスト教会に引きつけて見るなら、それはキリスト教宣教に
植民地化という補助線を引いて、その神学と実践の歴史を捉え直すことであ
る。特に辺境に追いやられ、小さくされてきた声なき人々の声を拾い上げるだ
けでなく、広く世界のキリスト教会が取り組んでいる正義と和解の働きに学ぶ
ことであるといえるだろう。

　あるカナダ人の牧師がエチオピアを訪問した時、現地の教会員がキリスト教
徒になった自分の遍歴を熱心に話し出した。信仰を持った喜びを伝えたいのだ
ろうと牧師は思ったが、そうではなかった。彼は先細りするカナダの教会を励
ましたかったのだ。「福音をよくも伝えずにいられるものだ。それが良い知ら
せかどうかはこちらが決める。良いものを独り占めすることこそ植民地的だ
よ。」（Doug Klassen, "Encountering the global church: From Mennonite culture to
radical witness," Vision: A Journal for Church and Theology, 25.1〔Spring 2024〕, p.82.）

〔参考文献〕
大濱徹也、2019、『近代日本とキリスト教』同成社
白井暢明、2010、『北海道開拓者精神とキリスト教』北海道大学出版会
福島恒雄、1982、『北海道キリスト教史』日本キリスト教団出版局

【片野淳彦】

第5章　旧優生保護法のもとの差別と北海道

1　優生保護法の成立と時代背景

　1948年6月に、優生保護法という法律が成立した。同法は「優生上の見地から不良な子孫の出生を防止する」（1条）ことを目的とし、特定の疾病や障害を理由に不妊手術や人工妊娠中絶を可能とするものであった。1947年の日本国憲法施行後初めての第1回国会に法案が提出されたが未成立となり、翌年の第2回国会で成立した。同法は「優生上の見地」という言葉からわかるように優生思想に基づく。日本国憲法はすべての人は個人として等しく尊重されることを謳っているが（13条、14条1項）、優生保護法は疾病や障害のある人を「劣った人」とみなしており、本来憲法とは相容れない。また、疾病や障害の遺伝に関する科学的な根拠も乏しい。しかし、憲法上の問題など批判的見地からの議論がなされた形跡はなく全会一致で可決され、成立した。

　それでは、優生保護法はどのような時代背景から成立したのだろうか。当時は戦後まもなく復員・引揚や出産数の増加により人口が急増し、食糧難や住宅難が深刻化していた。戦時下の「産めよ殖やせよ」の国策から一転して、人口過剰への対策が課題となっていた。このような状況を受けて、不妊手術の積極的な実施と当時禁止されていた人工妊娠中絶の容認が議論されていた。また、「民族の『逆淘汰』」の脅威を強調する人たちもいた。これは「優秀な人」は子どもを産み控えるが、「劣った人」は出産率が高く、「優秀な人」の子孫が減っていくという考え方である。第2回国会で法案を提出した産科医でもある谷口弥三郎議員（当時）は法案提出の理由として「子どもの将来を考えるような比較的優秀な人々が普通産児制限を行い、無自覚者や低脳者などはこれを行わんために、国民素質の低下即ち逆淘汰が現れて来るおそれがあります」と述べて、「逆淘汰」の脅威を強調した（1948年6月19日衆議院厚生委員会）。法務省刑

事局参事官であった高橋勝好氏は、『詳解改正優生保護法』（1952、中外医学社）において法制定の理由は、「悪魔の饗宴」「無節制無反省な繁殖」という言葉を用いて「民族の逆淘汰」の防止にあるとする。このような時代背景と議論を経て、優生保護法は成立したのである。

2　不妊手術の対象の拡大と手術の推進

　1948年に成立した優生保護法は、「不良な子孫の出生の防止」という法の目的から基本的に遺伝性の疾病や障害を不妊手術の対象としていたが、1952年には遺伝性以外の精神病または精神薄弱も保護義務者の同意があれば、不妊手術を強制できると改正された。手術対象拡大への質疑はなく、全会一致で可決成立した。また、国会では人口過剰に対する積極的な措置と予算の拡充が求められ、予算が増額された。

　このように手術対象の拡大と予算の増額の結果、不妊手術の実施件数は増加し、1955年にはピークを迎えた。しかし、その後は手術件数が減少し、予算が消化できなくなった。

　このような状況を受けて、国会では政府に対して不妊手術の積極的な実施を求めて、「遺伝的な犯罪者」への不妊手術が提案された。福田昌子議員（当時）は「遺伝的な犯罪者というものも、これは断種手術をするということが優生保護法できめられておるのでございますが、遺憾なことには、これまで刑務所に入っておる遺伝的な犯罪者に対しまして、断種手術をなされたという例を一回も聞かないのであります」「遺伝的な悪質遺伝を持っておりまする人に対する断種手術というものに対しましても、今後予算措置を講じて、政府としてこれに対して御熱意を持っていただきたいと思います」と政府に提案し、当時の牧野良三法務大臣は「特別な慮を払いたい」と答えた（1955年12月9日衆議院予算委員会）。

　実際、反社会的と目された人々への手術も行われた。1956年に北海道衛生部・北海道優生保護法審査会が、北海道において強制不妊手術が1000件を突破したことを記念して発刊した『優生手術（強制）千件突破を顧みて』という冊子がある。「強制優生手術から拾った悲惨な事例」とタイトルが付された章の

冒頭には、「社会的にも憂慮されている売春婦、チンピラ、やくざ、累犯者などの大多数が、精神病質或は精神薄弱によってしめられている事例の数々。審査を要件とする優生手術の荷う責務は極めて大なるものがある」と記述されている。そして、「社会の害悪やくざの例」「子ども八人を生んだ精薄夫婦」「精薄三代女の乱れた家庭」などと、「反社会的」とみなされた人々へ行われた理不尽な手術が紹介されている。

3　不妊手術の実施状況

1　全国の状況

　優生保護法は1950年から、母体保護法に改正された1996年までに、全国で2万4993件の不妊手術が実施された。うち1万6475人が手術を強制された。本人の同意がある場合も、家族の意向や福祉施設への入所条件などとされたものも含まれている。不妊手術の実施が確認できた最年少は9歳だという。

　手術の中には法が定めた術式によらないものも含まれている。優生保護法は、不妊手術を「生殖腺を除去することなしに、生殖を不能にする手術」（2条1項）と定義し、男性の場合は精管結さつ（精管を縛り精子の放出を妨げる）、

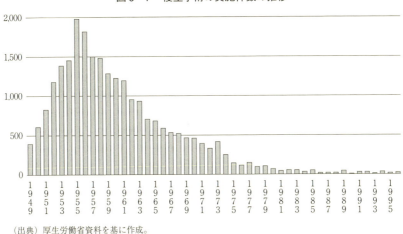

図5−1　優生手術の実施件数の推移

（出典）厚生労働省資料を基に作成。

第Ⅰ部　入植者と植民地主義の再考

女性の場合は卵管結さつ（卵管を縛り受精を妨げる）など手術の方法を指定している。睾丸や子宮、卵巣の摘出などは認められていなかった。しかし、睾丸摘出、子宮摘出や卵巣への放射線照射といった法律から逸脱した手術も実施されていた。熊本で裁判を起こした渡邊數美さんは、幼い頃に変形性関節症を患い、両精巣を摘出され、差別と偏見に晩年まで苦しみ続けたと訴えている。

2　北海道の実施状況

優生保護法に基づく不妊手術は全国で2万4993件であるが、北海道は全国最多の3224件である。北海道に続く宮城県は1744件、大阪府1234件、岡山県1017件であるように、北海道は全国でも突出している。北海道の人口は1945年には戦前の疎開により351万人を超え都道府県で最多であり、戦後も引揚などにより1947年には385万人に達しており、人口対策は急務であった。

日本精神神経学会法委員会委員である三野進氏は「1950年代の北海道の優生保護法の運用と精神科医の関与」という論文を発表し、北海道が全国最多の手術件数である要因を考察している。この中で、北海道衛生部が優生保護法の運営に力を入れており、強制不妊手術の実施の可否を審査する優生審議会への申請について、北海道独自の運用を行い医師の申請を容易にしていたこと、優生審議会の形骸化などが指摘されている。

4　優生思想の普及・浸透

戦後に直面した人口過剰問題では「民族の『逆淘汰』」の脅威が強調された。ここでは人口資質の低下が問題視され、特定の疾病や障害を理由とした不妊手術が正当化され、不妊手術が推進されていった。

人口過剰問題が解消されると、人口資質の問題は「民族の『逆淘汰』」から経済成長の推進力へと転換された。1962年には、厚生省に設置された人口問題審議会が「人口問題向上対策に関する決議」を発表し、経済成長の前提として人口資質の向上が必要であり、「人口構成において、欠陥者を減らし優秀者の比率を増やすよう配慮することは、国民の総合的能力向上のための基本的要請である」とし、その対策として国民の遺伝素質の向上が必要であるとした。

第5章　旧優生保護法のもとの差別と北海道

1971年に同会が発表した「最近における人口動向と留意すべき問題点について」では、「人類集団の中のこれら好ましからざる遺伝的荷重を減少させるような方策を講ずることは極めて重要である」として、「人類の発展に災いするがごとき悪質遺伝病を事前に防止するために優生保護法の活用」が重要とした。このように人口資質は量的問題から質的問題へと転換しながら、優生思想は正当化されていった。

　地方自治体においても優生思想の普及が進んだ。1966年に兵庫県において「不幸な子どもの生まれない施策」が開始された。この取り組みは、「遺伝的精神病の宿命をになった子ども」「各種障害を持った子ども」などを「不幸な子ども」と位置づけ、県費による強制不妊手術や羊水検査の推進などを内容とするものであった。兵庫の取り組みをモデルケースとして、全国に「不幸な子どもの生まれない運動」が広がっていった。北海道でも「不幸な子どもを生まない道民運動」が展開された。

　教育現場でも優生思想が取り上げられた。優生学は生物、保健体育、家庭科などの学習指導要領に取り入れられた。1960年に改定された高等学校学習指導要領では、「保健体育」で「公衆衛生」の内容として「母子衛生・家族計画・国民優生」が挙げられた。そして、教科書にも優生学が記述されていった。例えば、1973年刊行の『高等保健体育　三訂版』（今村嘉雄ほか、大修館）には次のような記述がある。「国民優生とは優生学にもとづいて国民の質の向上に努めることである。そのために、劣悪な遺伝素質をもっている人びとに対しては、できるかぎり受胎調節をすすめ、必要な場合は、優生保護法により、受胎・出産を制限することができる。また、国民優生思想の普及により、人びとがすすんで国民優生政策に協力し、劣悪な遺伝病を防ぐことがのぞましい」「優生結婚とは、遺伝学的にみて素質の健全なものどうしの結婚をすすめ、精神分裂病・先天性聾などのような遺伝性疾患の素質が結婚によってあらわれるのを防ぐことである。したがって、優生結婚をするには自分ならびに相手の家系を調査し、遺伝病患者の有無を確かめなければならない。」

　このように、優生思想は普及・浸透し、障害者への差別・偏見は改められることはなかった。

第 I 部　入植者と植民地主義の再考

5　優生保護法の改正と被害の放置

　優生保護法は1996年に母体保護法に改められ、優生項目（特定の疾病や障害を理由とした不妊手術や中絶手術に関する規定）は削除された。1994年9月にエジプトで開催された国連世界人口開発会議のNGOフォーラムにおいて、安積遊歩さんが優生保護法の廃止を訴えたことが法改正の契機となった。

　優生項目は削除されたが、国は、不妊手術が当時は適法だったとして被害者への補償を検討することはなかった。2016年3月22日の参議院厚生労働委員会において不妊手術の被害者への賠償と謝罪が問われ、当時の塩崎恭久厚労大臣は「当時の法律、この優生保護法に基づく手続に反して違法に優生手術が行われていたとの具体的な情報は承知はしておりません」と応じ、政府参考人の加藤照幸氏も「当時に行われたことに関しましては適法に行われたという前提で制度が動いておりますので、当時のものに関して遡って損害賠償するということはなかなか困難」と述べた。

　国は優生保護法の被害者への補償を放置し、優生思想の普及・浸透した現状にも無策のままであった。

6　立ち上がった被害者たち

　2018年1月、強制不妊手術の被害者である佐藤由美さんが、国に賠償金の支払いを求めて仙台地裁に提訴した。佐藤さんは15歳の時に不妊手術を強制された。佐藤さんの提訴に励まされ、全国各地で被害者が裁判に立ち上がった。

　小島喜久夫さんはその1人である。小島さんは戦後間もなく、石狩市の農家に引き取られて育てられた。養父母に実子が生まれると疎まれ、弟妹と差別されるようになった。周囲からも「もらい子」と言われ、いじめられるようになった。成長すると養父母に反抗するようになり、非行に走った。19歳の時に小島さんが実家に帰ると、警察官が待っていた。手錠をかけられ、連れて行かれた先は札幌市内の精神科病院だった。診察を受けることがないまま、「精神分裂病」と言われて入院させられた。入院から半年ほどして不妊手術を行うと

第5章　旧優生保護法のもとの差別と北海道

写真：小島喜久夫氏（撮影：佐藤友美）

告げられた。小島さんは抵抗したが、両手両足を拘束され、不妊手術が強制された。「反社会的」と目された人々に不妊手術が強制されていたことは前述したが、小島さんもその１人である。

　手術されてからタクシー運転手などをしながら生計を立て、家庭も持ったが、手術のことは妻の麗子さんにも話すことができなかった。麗子さんには「おたふく風邪で子どもができないんだ」と嘘をつくしかなかった。小島さんは57年もの間１人で悩み続けていたが、仙台の提訴を知り、麗子さんに初めて手術のことを打ち明けた。そして、麗子さんの後押しがあり、2018年５月に札幌地方裁判所に提訴した。それまでは差別や偏見から被害者は仮名で裁判をしていたが、小島さんは全国で初めて実名で裁判を起こした。実名で裁判を起こすことで、不妊手術を強制されたことを言い出せない被害者が声を上げるきっかけになると考えたからだ（写真）。

7　裁判闘争

1　連戦連敗

　全国各地で被害者が裁判に立ち上がったが、各地裁では敗訴判決が続いた。裁判所は国が障害者などに不妊手術を強制したことは憲法に違反すると認めながら、被害者の訴えは認めなかった。裁判の障壁になったのは除斥期間という制度である。除斥期間とは権利行使の期間制限のことで、期間内に権利行使し

53

第Ⅰ部　入植者と植民地主義の再考

なければ事情にかかわらず権利が消滅することを意味する。強制不妊手術の被害者の国家賠償請求権の除斥期間は、20年と定められていた。不妊手術を強制されてから20年が経過したため、賠償請求権は消滅したとして、請求は棄却された。小島さんをはじめ被害者の多くは1950年〜60年代にかけて手術を受けた。優生保護法が母体保護法に改められたのは1996年。手術から20年経過した時点では強制不妊手術は合法だったのである。20年が経つまでに裁判を起こすことは著しく困難である。また、除斥期間は国がつくった法律に定められている。国が戦後最大の人権侵害を犯しながら、自らがつくった法律で免責されるのはあまりに理不尽である。しかし、時の壁によって被害者の訴えは退けられた。

2　割れた司法判断

　被害者敗訴の流れが続いていたが、2022年1月、大阪高等裁判所は国に賠償を命じる判決を言い渡した。国に除斥期間の適用を認めることは「著しく正義・公平の理念に反する」と断じた。そして、同年3月には東京高裁も国に賠償を命じた。翌2023年3月には札幌高裁が小島さんの訴えを、大阪高裁（原審は神戸地裁）が聴覚障害者の夫婦の訴えを認めた。

　一方で、2023年6月に、仙台高裁は飯塚淳子さんの訴えを除斥期間を理由に退けた。飯塚さんは16歳の時に「精神薄弱」と診断され、不妊手術を強制された。20年以上前から全国に先駆けて国に謝罪と補償を求めてきたが、仙台高裁はその声を聞き入れなかった。

　かくして5つの高裁で除斥期間について判断が分かれた。

3　最高裁判所の判断

　被害者と国はそれぞれ上告し、舞台は最高裁へと移された。この裁判は最高裁の大法廷で審理されることが決定した。最高裁に係属した事件は通常5人の裁判官で構成される小法廷で審理される。大法廷は15人の裁判官で構成され、憲法について判断する事件や判例を必要とする事件が審理される。最高裁によって、戦後最大の人権侵害である強制不妊手術に対して、憲法違反および除斥期間の適用について統一的判断が示されることになった。

第5章　旧優生保護法のもとの差別と北海道

2024年5月、最高裁で弁護団および原告が弁論を行った。小島さんは弁論の中で次のように訴えた。「子どもができていれば人生は変わっていたとおもいます。今より幸せかもしれませんし、不幸になったかもしれません。それでも、幸せになるか不幸になるかは自分で決めることです。自分で自分の人生を決めたかった。それができなかったことが悔しいです。」

そして、同年7月、最高裁は、優生保護法は憲法違反であり、除斥期間の適用を認めないという判断を示した。「立法当時の社会的状況を考えても、旧優生保護法の立法目的は正当とはいえないことが明らか。生殖能力の喪失という重大な犠牲を求める点から、個人の尊厳と人格尊重の精神に著しく反するため、憲法13条に違反する」とし、障害者への差別的取扱いで法の下の平等を定めた憲法14条1項にも違反すると断じた。そして、除斥期間については、長期間にわたり国家の政策として多数の障害のある者などを差別して、不妊手術という重大な人権侵害を行った国の責任は極めて重いと指摘し、優生保護法による被害に除斥期間を適用することは著しく正義・公平の理念に反し、到底容認することができないと判断した。

最高裁判決を受けて、岸田文雄総理大臣（当時）は2024年7月、原告らと面会し、政府として謝罪した。そして、係属中の裁判では除斥期間の主張を撤回し、速やかに和解することが表明された。そして、被害者への補償に向けて救済策が講じられることになった。戦後最大の人権侵害はようやく補償に向けて動き始めることになった。

8　優生保護法はいまに続く問題

優生保護法はけっして過去の問題ではない。2022年12月に、北海道江差町の社会福祉法人が運営するグループホームで、知的障害のある男女が同居や結婚を認める条件として、不妊処置を実施していたと報じられた。同法人はインタビューの中で、「子どもに障害があったり、養育不全と言われた場合や、成長した子どもが『なぜ生まれたんだ』と言った時に、誰が責任を取るんだ」などと述べている（2022年12月19日付北海道新聞記事）。

その言い分は障害者などを「劣った人」とみなして不妊手術を正当化した国

55

第Ⅰ部　入植者と植民地主義の再考

の態度と重なる。しかし、SNSなどを覗くと、「知的障害者のような子どもを育てられない人間が子どもを持つべきではない」などの声は珍しくない。いまなお国が普及・浸透させた優生思想は根強く残っている。優生思想と決別できるか。私たちに問われている。

〔参考文献〕
毎日新聞取材班、2019、『強制不妊―旧優生保護法を問う』毎日新聞出版
米本昌平・松原洋子・橳島次郎・市野川容孝、2000、『優生学と人間社会―生命科学の世紀はどこへ向かうのか』講談社現代新書

【小野寺信勝】

コラム①　痛みの声を聴き、社会に対する見方を刷新する

　人々の人生の語りから社会について考える研究は「生活史研究」と呼ばれる。生活史研究が聴こうとしてきたのは、多くの場合、社会の主流に位置する人や権力の近くにいる人ではなく、その対極にある人、つまり、「困難を生きてきた人」、「最も不利な人」、「力を所有していない人」、「マイノリティ」といった言葉で表現できる人の痛みの声である。生活史研究と親和性を持つ、エスノグラフィーにおいても同様だ。ではなぜ、生活史研究／エスノグラフィーは、そうした周縁化された人々を焦点化してきたのか。

　その理由については道徳的・倫理的な観点から説明されることが多い。例えば、そうした人々の置かれた状況を深く理解することが、その窮状から彼ら彼女らを救うことにつながるとか、そうした人々を歴史の表舞台に登場させるべきだといった説明だ。しかし、フィリピンのスクウォッター地区に暮らす人々の貧困世界を描いた社会学者、石岡丈昇はそれとは異なる観点から説明を試みている。彼は、アメリカの人類学者、D. グレーバーが提示した「想像力の不均衡構造」の概念を参考にしながら、この点について方法論的に突き詰めた議論を展開した。

　社会のピラミッドの底辺に位置する者／力を所有しない者は、多大な時間をかけて、頂点に位置する者／力を所有する者が何を考えているのかを想像し、考え抜く必要がある。こうした「他者の動機や感覚を解読する努力」、「世界を他者の観点からみ

る終わりのない努力」をグレーバーは、「解釈労働」と呼んだ（Graever, 2011=2017）。底辺に位置する者／力を所有しない者にはこの解釈労働が強いられる。それは不利で不安定な状況の中で生き抜いていくために必要な所作だ。しかし、頂点に位置する者／力を所有する者にはその必要がない。こうしてできあがった「他者を想像する営為が不平等に分布しているあり様」がグレーバーのいう「想像力の不均衡構造」である。

　石岡はグレーバーの議論を敷衍して解釈労働を「大半の者が感知しない事柄までをも思考の対象に仕立て上げる」労働であり、「現実の別の見方を作り上げる基礎になるもの」と再定義した（石岡、2023）。彼は自らがスクオッター住民のもとで調査を続けてきた理由を、「強いられた解釈労働を通じて、現実を『見抜く』力を鍛え上げざるをえない」人々からものの捉え方を教わることができるからだと説明する。

　この議論は示唆に富む。

　生活史研究者／エスノグラファーはなぜ「周縁化された人々」の声を聴くのか。それはそうした人々が「強いられた解釈労働」を積み重ねることで現実を深く洞察する力を身につけてきた人々であり、彼ら彼女らの視座から世界を眺めることでこの社会に対する私たちの認識をバージョンアップできるからだ。

　ここまで生活史研究／エスノグラフィーを「する人」を主語に述べてきたが、上で述べたことは北海道をフィールドに平和学

を学ぼうとする、本書を手に取った若い人たちにもあてはまる。

本書各章で述べられているように、北海道は植民地化や軍事化の歴史を持つ。そこでは、力を持つ者によって、踏みつけられながらも、その状況を生き直し、この社会をいまよりも生きやすくするために声を上げてきた人たちがたくさんいる。そうした人の1人としてふっと頭に浮かぶのは紋別アイヌ協会の畠山敏さんだ。

畠山さんたちは2019年9月、藻別川河口でサケを「無許可」で捕獲し、川に戻ってきたサケを出迎える伝統儀式を執り行った。現行法では、いったん川に入ったサケは、許可なく獲ることができない。あえて法を犯してまでサケを獲ろうとしたのは、国によって先住民族として認められながら「先住権」を手にしていないアイヌ民族の現状を世間に伝え、アイヌ民族の資源に対する権利の保障について具体的議論を巻き起こすためだった。この「違法」な抗議活動は、現行法の、またそれをつくり出した歴史過程の不正義を照射する。畠山さんたちの声は、その自明性や合理性を疑うことがない所与のもの（社会の仕組みや認識）に大きな不正義が潜んでいることに気づかせてくれる。

力を持つ者に踏みつけられながらも、自らの置かれた状況とそれを生み出した歴史を批判的に捉え直し、生き直した人々の痛みの声を聴き、彼ら彼女らが「強いられた解釈労働」を積み重ねる中で獲得した社会のまなざし方を学ぶことを通して、私たちは私たちを取り巻く社会に対する見方を刷新することができる。それは、私たちすべてにとって、いまより生きやすい、いまとは別の社会のあり方を構想する第一歩になる。

〔参考文献〕

石岡丈昇、2023、『タイミングの社会学―ディテールを書くエスノグラフィー』青土社

Graever, David, (2011), *The Utopia of Rules: On Technology, stupidity, and the Secret Joys of Bureaucracy*, Melville House Publishing（酒井隆史訳、(2017)、『官僚制のユートピア―テクノロジー、構造的愚かさ、リベラリズムの規制』以文社）

【笹岡正俊】

コラム② 破壊された知床、よみがえる知床
――「しれとこ100平方メートル運動」が問いかけること

流氷は知床の海と陸の生態系を豊かにしている。また、知床には、シレトコスミレ、オオワシ、オジロワシといった希少種の他、シャチ、ゴマフアザラシ、カラフトマスなどの多くの生きものたちが住んでいる。このような理由から、知床は2005年に世界自然遺産に登録された。

この自然豊かな知床に、開拓された痕跡がある。例えば、森林には焼け焦げた木がある。畑をつくるために火を入れたからだ。開拓者が住んでいた家屋（写真1）もある。また、知床五湖の一湖では、開拓者が持ち込んだスイレンが大繁殖しており、在来種の生息を脅かしている。

知床の開拓は岩尾別地区への入植から始まった。1914年のことである。しかし、高度経済成長期を迎える1960年代に入ってから離農者が増えて、1973年に開拓の歴史は終わりを迎えた。

不動産業者は知床国立公園における開拓跡地を狙い、買い取り始めていた。こうして知床は乱開発の危機に直面していたのである。そこで1977年、斜里町は知床国立公園内の開拓跡地を保全して原生林を復元するために、「しれとこ100平方メートル運動」を開始した。キャッチフレーズは「知床で夢を買いませんか」である。この運動は、全国の人たちに呼びかけて、1口8千円で開拓された跡地を100平方メートルずつ買い上げるという、いわゆる「ナショナル・トラスト運動」であった。

1997年、しれとこ100平方メートル運動は、累計4万9千人の参加者により、土地の保全に必要な寄付金額5億2000万円に到達したため、その名称を「しれとこ100平方メートル運動の森・トラスト」に変えた。「知床で夢を育てませんか」という新たなキャッチフレーズのもとで、森林の再生（針葉樹と広葉樹から成る森づくりやエゾシカ対策など）、生きものの復元（サク

写真1：1960年代後半まで使用されていた旧開拓家屋。
＊筆者撮影

写真2：1974年の開拓跡地の状況。写真の上のほうをよく見ると、森林がある場所と開拓された場所の間に、うっすらと直線が見える。これは、直線より上の部分が国有林（許可なく伐採できないから残っている）、下の部分が開拓跡地であることを示している。
＊しれとこ100平方メートル運動の森・トラスト「運動の歴史」（https://100m2.shiretoko.or.jp/history/）より抜粋

写真3：2014年の開拓跡地の状況。森林がかなり復元されていることがわかる。同時に、依然として開拓跡地が見えることから、人間が一度手をつけた自然の復元はなかなか難しいこともわかる。
＊しれとこ100平方メートル運動の森・トラスト「運動の歴史」（https://100m2.shiretoko.or.jp/history/）より抜粋

ラマスやシマフクロウなどの復元）、運動の公開（自然教室や苗木の植樹など）を行っている。

「知床自然センター」の近くには「しれとこ100平方メートル運動ハウス」がある。また、往復5キロの「開拓小屋コース」もある。これらを訪れることで、破壊された知床とよみがえる知床を肌で感じることができるだろう（ただし、ヒグマには十分に気をつけよう）。

自然は人間がいなくても生きていくことができる。しかし、人間は自然がなければ生きていけない。にもかかわらず、人間はいつも自然を破壊してきた。ただし、その破壊された自然をよみがえらせるのも、これまた人間である。しれとこ100平方メートル運動は、自然と人間の関係とは何か、私たちに問いかけているのである。

【佐藤史郎】

第 II 部

平和的生存権の新たな連帯

——矢臼別の現場から

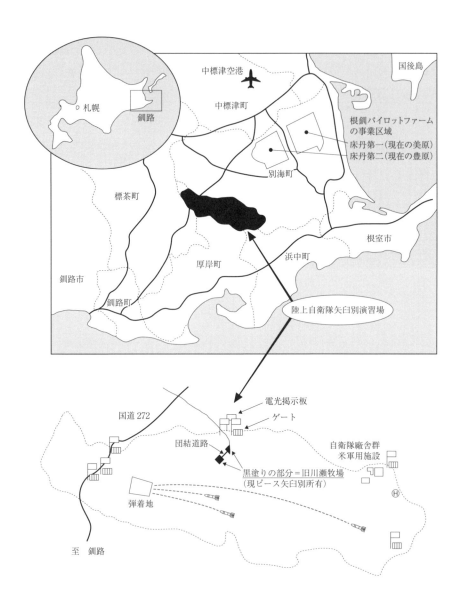

第6章　矢臼別闘争の歴史

1　生活空間から「軍事化」を問う

　私たちが日常を送る生活空間は、兵士が駐屯する基地や実弾演習を行う演習場など軍事的な空間と分け隔てられているように見える。一見すると平和に見える日常生活における消費行動、メディア、文化活動、ジェンダー規範などが、軍事的基準の影響によって規定されていることに注意を向ける必要がある。こうした「軍事化（Militarization）」を広義に捉える議論は、現代日本では一層複雑である。在日米軍は、アメリカ合衆国のグローバルな軍事行動のイメージとともに、沖縄における性暴力や交通事故など明確な軍事的暴力と認識されることに対して、自衛隊は、被災地での救援活動のイメージに加え、漫画やアニメなどのサブカルチャー、祭事や音楽イベントや婚活パーティなどによる地域社会への浸透により、非軍事的な存在として認識されがちである。これらの一連の民生活動は、自衛隊と米軍のさまざまな活動の下地をつくる暗黙の合意を構成し、グローバルな戦争と地続きになった地域社会の「軍事化」に対するカウンターアクションの困難につながっている。

　自衛隊の南西シフトと呼ばれる南西諸島における軍事力の強化が進む中で、軍事／非軍事をめぐる米軍と自衛隊の表裏一体の役割分担とともに、地域社会のすそ野に広く根を張る「軍事化」の戦略を捉える必要がある。そのためには、地域社会における生活空間の「軍事化」の力学を歴史的に辿るとともに、現場に足を運ぶことが重要である。日本国内に存在する自衛隊の演習場は、日米共同利用により米軍の最新兵器の訓練場であるとともに、グローバルな戦場とつながっている。米海兵隊を扱った『Marines Go Home 辺野古・梅香里・矢臼別』（監督：藤本幸久、2008）、そして近年では岡山の日本原演習場を扱った『日本原　牛と人の大地』（監督：黒部俊介、2022）、大分県の日出生台演習場を

第Ⅱ部　平和的生存権の新たな連帯

扱った『風の記憶　湯布院・日出生台1996〜2022』（監督：髙見剛、2022）、そして矢臼別演習場を扱った『矢臼別物語　北の大地からのメッセージ』（監督：山本洋子、2021）など、立て続けに自衛隊演習場を扱ったドキュメンタリー映画が公開されている。

　この章では、陸上自衛隊矢臼別演習場に対する反対闘争の歴史を紹介する。軍事演習場は、兵器の実弾射撃訓練による周辺住民や農業・畜産業や自然環境への被害だけではなく、戦場で使用される兵器の物理的な暴力があらわになる場所である。軍事演習場の歴史を学ぶことは、日本の地域社会とグローバルな戦場とのつながりを肌で感知するとともに、「軍事化」のプロセスを演習場空間に折り重なる生活の歴史から批判的に考える契機となる。

2　冷戦下の境界地域としての道東

　矢臼別反対闘争の歴史を学ぶにあたって、何度も国境線が変動した北海道・千島・樺太の境界地域としての歴史に注意を向ける必要がある。矢臼別演習場は、境界地域としての北海道東部の別海町に位置し、厚岸町、浜中町にまたがっている。別海町では天気の良い日には海を隔てた対岸の国後島を見ることが可能であり、ロシアとの実質的国境が目の前に存在する。アジア太平洋戦争の末期には、ソ連の上陸に備えて現在の別海町から中標津町にかけて計根別第1から第4までの4つの飛行場が建設された。労働力として日本人に加え（強制連行を含む）朝鮮人・中国人が携わり、爆撃演習のため住民は移転を余儀なくされた（なかしべつ町郷土研究会編、1975、『草に埋もれた飛行場―郷土を語る集い「計根別飛行場の断面」集録』）。

　終戦後には計根別第四飛行場は進駐軍によって接収され、現在の西春別には米軍や軍属相手のジャズが流れるカフェやバー、パチンコ屋などが軒を連ね、街の雰囲気は一変した。朝鮮戦争時には、標津の浜で米軍による上陸訓練なども行われていた。ソ連が千島列島を実効支配下に置く中で、沿岸部ではソ連軍による漁船の拿捕、ソ連燃料船漂着事件、ソ連軍の攻撃によるB29墜落事故などが起きた。民家に墜落したB29の消火にあたった上春別消防団の詰所では、冷戦期を象徴するB29のプロペラブレードを台座に乗せた記念碑が展示されて

いる。こうした冷戦構造の地政学的な影響が大きい道東の地域社会に設置されたのが、矢臼別演習場である。

当時の別海村は、1950年代半ばから世界銀行の融資を受けた機械開墾による大型農業開発プロジェクトである根釧パイロットファーム事業が始まり、酪農を中心とした地域社会の形成がめざされていた。矢臼別演習場が位置する場所は、戦前に軍馬補充部が置かれており、戦後は農地として開放され、戦後開拓事業の入植者によって切り拓かれつつあった（第1章参照）。酪農地帯である中標津や別海と釧路を結ぶ中間にあり、パイロット事業による酪農開発が予定されていた。しかし初期営農設計の不備から根釧パイロットファームが軌道に乗らず、酪農を中心とした地域社会の道筋が揺らぎ、戦後開拓地区から出ていた自衛隊基地誘致案と、1960年の安保条約改定を受けた防衛庁の自衛隊演習場の設置要求に別海村が乗った形である。酪農の基盤形成には膨大なコストが必要であり、自衛隊基地と酪農開発の両輪によって地域社会の仕組みがつくられていった。

3　矢臼別演習場反対闘争の始まり

生活の場になっていた農村が自衛隊演習場になることが決まり、多くの農民は苦労して開いた土地を手放して転住することを余儀なくされたが、その場にとどまり反対闘争を展開する者も現れた。1962年12月の矢臼別演習場設置に向けた土地の買収が始まる中、別海村三股では全北海道労働組合協議会傘下の根釧地区労が演習場設置反対協議会を結成し、三股に入植していた杉野芳夫宅を運動本部として買収反対の活動を行っていた。三股に入植していた川瀬氾二は、周囲の農家が買収に応じて移転していく中で、土地買収に反対し演習場に残って生活する道を模索し始めていた。1964年は北海道が冷害に見舞われた年で、釧路学芸大学（現在の北海道教育大学釧路校）の三宅信一が別海村を訪れ、冷害の被害状況や演習場周辺農家の生活などの聞き取り調査を行っていた。三宅は、釧路平和委員会を組織し矢臼別演習場反対闘争で大きな役割を果たしていく。三股では、演習場の買収対象にならなかった農民たちが三股残留同志会を結成し、演習場境界線から演習場内2キロの緩衝地帯の設置や演習時以外の

牧草地としての利用など11項目の要望書を村長に出すなど活動を行い、自衛隊は刈り取りを認めた（布施祐仁、2009、『北の反戦地主・川瀬氾二の生涯—矢臼別演習場のど真ん中で生ききった！』高文研）。また全日本農民組合（全日農）の西春別支部が結成され、三股残留同志会を含む演習場周辺の５つの集落から40戸が参加した。

1965年８月には、矢臼別演習場内の杉野宅の前で平和碑の除幕式が行われた。三宅信一らの釧路平和委員会と杉野・川瀬らの全日農西春別支部が、矢臼別闘争のシンボルとして全国からカンパを募り、釧路平和美術集団の手によって幼児を抱く農婦のレリーフが碑にはめ込まれた。除幕式の後にベトナム戦争反対の横断幕のもとで第１回平和盆おどり大会が開かれ、恵庭事件で自衛隊と係争中の野崎健之助も駆け付けた。平和盆おどりは毎年８月に開催され、全国から支援者が集うイベントは現在まで続いている。交流会では、杉野・川瀬に加え、演習場周辺農家に対する組織的な援農運動が提起された。1969年５月にも全日農西春別支部から支援者に向け、６月上中旬のビート移植、７月一番草

図６－１　「援農隊の派遣について訴えます」

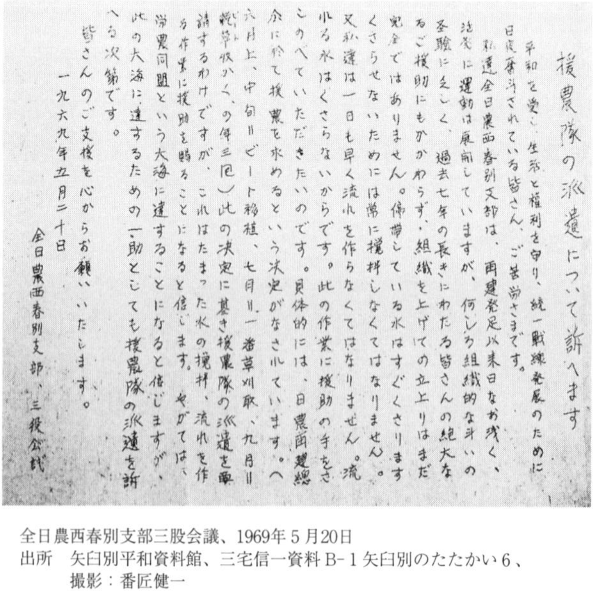
援農隊の派遣について訴へます
平和を愛し、生活と権利を守り、統一戦線発展のために
日夜奮斗されている皆さん、ご苦労さまです。
私達全日農西春別支部は、再建発足以来日なお残く、
活発に運動は展開していますが、何しろ組織的な斗いの
経験に乏しく、過去七年の長きにわたる皆さんの絶大な
るご援助にもかかわらず、組織を上げての立上りはまだ
完全ではありません。停滞している水はすぐくさります
くさらせないためには常に攪拌しなくてはなりません。
又私達は一日も早く流れを作らなくてはなりません。流
れる水はくさらないからです。此の作業に援助の手をさ
このべていただきたいのです。具体的には、日農西建総
会に於て援農を求めるという決定がなされています。（
六月上、中旬＝ビート移植、七月＝一番草刈取、九月＝
ビート牧草収かく、の年三回）此の決定に基き援農隊の派遣を要
請するわけですが、これはたまった水の攪拌、流れを作
る作業に援助を賜ることになると信じます。やがては、
労農同盟という大海に達することになると信じますが、
此の大海に達するための一助としても援農隊の派遣を訴
へる次第です。
皆さんのご支援を心からお願いいたします。
一九六九年五月二十日
全日農西春別支部、三股会議

全日農西春別支部三股会議、1969年５月20日
出所　矢臼別平和資料館、三宅信一資料Ｂ-１矢臼別のたたかい６、
撮影：番匠健一

刈取、9月ビート収穫の年3回の援農を求めている。(図6-1)

　自衛隊側は、重機を使った土地や道路整備、音楽隊のコンサート、人海戦術による援農などさまざまな方法で、基地や演習場の周辺地域への影響を強めていた。1965年には陸上自衛隊別海分屯地が開設され、翌66年には矢臼別演習場で「射線びらき」が行われ、105mmりゅう弾砲や追撃砲が発射された。北海道ではとりわけ冬場の除雪、販路となる道路の整備、短期間に労働力が必要なビート収穫や牧草採草など、機械化の途上にあった酪農家や畑作農家によって自衛隊は重宝され、地域社会への浸透を進めた（番匠健一、2023、「1960年代の北海道東部矢臼別演習場における自衛隊演習と農民運動」『立命館平和研究』24号）。平和盆おどりで提起された援農は、こうした地域社会への浸透する自衛隊の「軍事化」への対抗手段であり、生活を守るための闘いであった。

4　R-30ロケット実射阻止闘争と核戦争への恐怖

　1960年代に矢臼別演習場反対闘争が大きく展開するきっかけとなったのが、R30型ロケット反対闘争である。静岡県東富士で行われていたR30型ロケットの実弾射撃訓練が、地元農民による着弾地座り込みによる反対運動で阻止されたことから、防衛庁は1967年秋から、北海道の矢臼別演習場で特科連隊の実射訓練を行うことを発表した。R30型に使用されるロケット弾 MGR-3リトル・ジョンは、核弾頭と通常弾頭の両方を搭載可能であったため、日本国内で広範な反対運動が起きていた。広島・長崎への原爆投下や第五福竜丸などのマグロ漁船の核実験被ばくから続く反核運動の意識に加え、ベトナム戦争から世界規模の核戦争へと発展するのではないかとの差し迫った恐怖があった。

　矢臼別演習場での訓練に対して、釧路平和委員会は「矢臼別演習場をベトナムにつなぐな!!」とスローガンを掲げ、北海道内各地の自衛隊基地へのミサイル配備やレーダ施設設置など北海道の「島ぐるみミサイル基地化」を批判した。恵庭事件（第7章参照）の裁判の過程で、自衛隊統合幕僚長会議が極秘裏に行っていた三矢作戦の内容が明らかになった。ベトナム戦争が飛び火する形で第二次朝鮮戦争が勃発したという想定で、ソ連の北海道侵攻に対して国家総動員体制をしいて核戦争を闘うシナリオは、日本全土に大きな衝撃を与えた。

図6-2　R30型ロケットの実射訓練計画粉砕‼

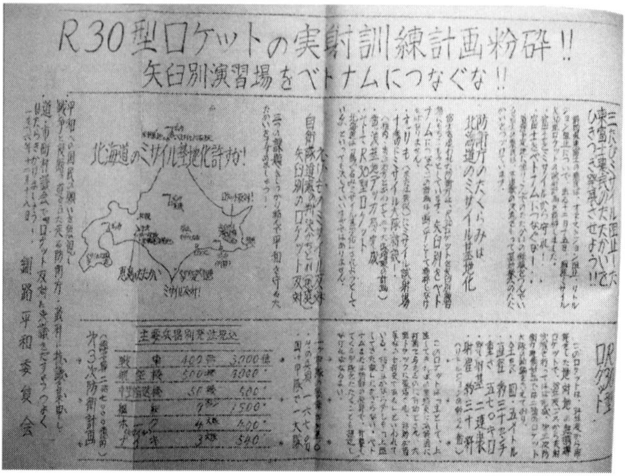

釧路平和委員会、1966年12月18日
出所　矢臼別平和資料館、三宅信一資料 B-1 矢臼別のたたかい3、
　　　撮影：番匠健一

　矢臼別演習場反対闘争にかかわる人々にとって、ソ連の北海道上陸に対する防衛戦によって生活の場が核戦争の戦場になることのみならず、矢臼別演習場で訓練対象になった核兵器がベトナムや朝鮮で使用されることへの強い危機感があった。（図6-2）

　1967年11月25日早朝、R-30ロケットが矢臼別演習場で発射された。別海と釧路から360人が集まり着弾地への座り込みを試みたが、機動隊と自衛隊員によって阻止された。実射訓練の強行とR-30ロケットの大地を揺らすほどの威力は大きな衝撃を与え、70年安保に向けて激化する自衛隊の軍事演習に対して、教職員組合と地域の女性が中心となって矢臼別平和委員会が結成され、現地闘争の一翼を担っていく。また、川瀬氾二は、前年に大阪で開催された日本平和大会に参加し、恵庭事件の野崎健美・美晴兄弟とともに北海道での反基地闘争の状況を訴えた。その帰路に横田で阿波根昌鴻に出会い、伊江島の土地闘争（第8章参照）を知り、成田で三里塚の農民を知り、百里では百里基地反対同盟の高塚惣一郎と出会い交流を深めた。理不尽な国策や軍事化に抗い、その地にとどまりながら闘争を続けていくスタイルは、遠く離れた場所から持続的

に影響を与え合っていた。

5　地域社会の生活空間をめぐる反基地闘争

　北海道では1960年代後半から70年代にかけて大型の軍事演習が相次いで実施
され、周辺地域の住民の生活に大きな影響を与えていた。矢臼別演習場の周辺
地域では、演習による井戸水の水質悪化、演習時に設置するバラ線による家畜
の負傷、砲弾の騒音や振動による家畜の暴走や怪我、そして乳量の低下など酪
農家たちにさまざまな被害があった。とりわけ大型ヘリコプターによるヘリ
ボーン作戦は、爆音による乳牛の暴走と怪我、流産、乳量低下など、周辺地域
である別海・厚岸・浜中の酪農家の被害は深刻であった。また軍用車両の通過
による渋滞や道路陥没によって道路状況が悪化し、牧草地への移動や集乳場所
への搬送が妨げられたことも、酪農家たちの日々の生活を脅かした。演習場の
南東に隣接する酪農家54戸でつくる矢臼別演習場東部地区対策委員会は、自衛
隊の師団対抗演習によって車両があふれ、生乳出荷や牧草運搬、乳牛誘導など
が規制されたとして、①集乳道路の拡幅と舗装、②ヘリコプターとロケット弾
の爆音で暴走する農耕馬に代わるトラクター導入の助成、③放牧中の乳牛暴走
防止のための鉄柵30キロの整備などを国に働きかけた。川瀬氾二ら演習場の西
北にあたる全日農西春別支部は、矢臼別演習場内のヘリポート撤去運動や着弾
地への立ち入り調査の要求などを行っていく。防衛施設庁は、基地問題対策の
ため基地周辺地区の民生安定整備事業を拡大して対応した。ナイキミサイル配
備が問題となった長沼町（第7章参照）では用水路や水道施設整備、矢臼別演
習場では農業機械、千歳市では畜産関係の施設などに補助金が配分され、演習
被害を受け入れる代わりに地域の産業基盤が整えられていく仕組みがつくられ
ていった。

　演習被害に対して、補助金と抱き合わせで受け入れるのではなく、生活の論
理に基づいて独自の反対運動を行う動きが重要である。「ミルクロード地主」
と呼ばれた酪農家4人は、矢臼別演習場東部を南北に走る町道23号に「私有地
につき自衛隊にかぎり通行禁止」という看板を立て、約半年のあいだ自衛隊車
両の通行をストップさせた。離農者から購入した土地に町道23号の一部が入っ

第Ⅱ部 平和的生存権の新たな連帯

ていたため、一部が私道として登記されていたことによる。この町道は矢臼別
演習場に南側から入る最短ルートであり、自衛隊車両の増加によって牛乳の運
搬や牧草地への移動が妨げられていた。また町道が走っているため、自衛隊は
矢臼別演習場の東側1000ヘクタールは訓練に使えず、周辺の農民たちが「日の
丸牧場」と呼んで牛を放牧していた「黙認放牧地」であった。自衛隊が町道を
廃止して黙認放牧地まで演習を拡大する動きを見せたため、用松寛一らミルク
ロード地主は町道23号の存続と、町道以東の演習場用地の返還と共同放牧地の
設置を要求し、自衛隊のみ私道の通行を禁じるというユニークなスタイルを
とった。

　矢臼別演習場の北西部でも、1968年の段階で演習場奥に４キロにわたってバ
ラ線をはりめぐらし夏は300頭の乳牛と数十頭の馬を放牧、三股・新富でも演
習場内の牧草の刈取を認めさせていた。また、矢臼別演習場内の自身の土地で
生活する川瀬氾二は、家畜商が放牧していた20頭の乳牛の管理、そして自身の
農耕馬３頭の放牧を行っていた。演習場内の限られた土地での酪農経営に見切
りをつけた川瀬は、馬の放牧と大工仕事で生計を立てていくようになる。ある
吹雪の晩に餌がきれた馬を林に追い込んだところ雪に埋もれた草を掘り起こし
て食べていたことから、川瀬は牧草をやらずとも馬が自活できることを発見し
た。馬を完全野放しにして自然繁殖させ、必要な時に塩を与えて集め捕まえて
売るという、演習場の空間を逆手にとった飼育法に変え、川瀬は演習場内での
生活を積み重ねていった。後に自衛隊が川瀬の土地を木柵と鉄線で囲い込み、
川瀬牧場の柵を破壊した際にも、25年積み重ねてきた生活の根拠に基づいた粘
り行動によって生活を守った。

　演習場や駐屯地など軍用地化した空間は、一見すると軍事的な論理が貫徹し
ているように見えるが、生活の場所と折り重なり、交渉による押し引きや相互
浸透を繰り返す力学の下にあり、軍事基地は一般社会のさまざまな協力や合意
なしには成立しえない。牧草採草権や入会権は、演習場周辺で生活を営む人々
にとっては必要不可欠な生存の権利であり、「軍事化」の戦略を批判的に捉え
返す根拠になりうる。

6 自衛隊・米軍のグローバルな戦争、 地域社会に根ざした平和運動へ

　矢臼別演習場では、1984年に初めて日米共同実動演習が行われているが、1996年のSACO合意により沖縄海兵隊の実弾砲撃演習を本土5か所の自衛隊演習場（矢臼別、王城寺原、北富士、東富士、日出生台）へ「分散移転」することが決定して以降、反基地運動は転換を迎えた。2001年の9.11アメリカ同時多発テロ事件以降、アメリカ合衆国によるアフガニスタンやイラクへの戦争から現在のウクライナ戦争に至るまで、「軍事化」が進む日本国内の地域社会とグローバルな戦場とのつながりは明らかである。日米共同訓練については粘り強い監視行動が続けられており、オスプレイやハイマースなど最新兵器の運用や新しい戦争のあり方を探る重要な機会であると同時に、自衛隊と米軍の両方に対する新たな反戦平和運動の論理と行動が必要とされている。

　現在、矢臼別演習場内の民有地では、毎年8月に平和盆おどりが開催され、全国から人々が集まる。矢臼別演習場内で長年生活を営んできた川瀬氾二は、民有地を守るために平和碑や盆おどり施設などの他にキャンプ場、展望塔、憩いの森、温泉、矢臼別資料館などを兼ね備えた平和公園を建設し、人々が集う場所にする構想を持っていた。2019年に開館した矢臼別平和資料館（第7章参照）では、反対闘争の歴史や矢臼別の自然を扱った展示に加え、三宅信一の膨大な一次資料が寄贈され道東の平和運動について調査研究が可能である。矢臼別の住人である二部黎・倉谷あみはアートによって、浦舟三郎はブルーベリー収穫の喜びによって軍事化された空間に別の意味を持たせ、矢臼別の生活の場から脱軍事化と平和の方法を模索する運動を持続させている。

〔参考文献〕

川瀬氾二、2011、『矢臼別の馬飼いと自衛隊』水公舎

Cynthia Enloe, 2000, *Maneuvers: The International Politics of Militarizing Women's Lives*, University of California Press（シンシア・エンロー／上野千鶴子監訳／佐藤文香訳、2006、『策略─女性を軍事化する国際政治』岩波書店）

矢臼別平和資料館を「育てる会」https://yausubetumuseum.web.fc2.com/index.html

【番匠健一】

第7章　矢臼別闘争を支える平和的生存権

1　矢臼別で日本国憲法に迎えられる

筆者は、陸上自衛隊の矢臼別演習場内の民有地（現在、一般社団法人ピース矢臼別が所有管理。以下「矢臼別」という）を初めて訪問した日のことをよく憶えている。2017年9月4日のことである。その日の筆者は、矢臼別で開催される「矢臼別憲法交流会『安保法制違憲訴訟と平和的生存権』」の講師の1人を務めることになっており、釧路で合流した他の講師らとともに車で現地に向かった。

国道272号線を折れて町道（西春別茶内線）に入り、しばらく走ると、途中から砂利道に変わった。車は上下に少し揺れながら進んでいく。そろそろ到着という時に、右側の窓から青い大きな建物が目に入ってきた。屋根には、憲法研究者である筆者にとって見慣れた文言が、ずらずらと黄色い字で書かれていた。

それらは、右端から①日本国憲法（以下「憲法」という）の前文1段落にある国政の権威が国民に由来することを示す箇所と②同2段落後半の「平和のうちに生存する権利」（平和的生存権）を規定する箇所、真ん中に③戦争などの放棄・戦力の不保持・交戦権の否認を規定する9条、左端に④憲法が保障する自由と権利を国民の不断の努力を通して保持しなければならないことを規定する12条前半と並んでいた。

実はこの建物こそが、憲法交流会の会場「ホテル矢臼別」（名称はホテルとなっているが、ビジネスとして経営している宿泊施設ではない。矢臼別に集う人々の集会場や宿泊所を兼ねたもの）であることをほどなくして知った。そして、1999年に屋根に憲法前文や条文を書いたのが、自衛隊の演習場の設置のための土地買収に応じず、残り続けた川瀬氾二さんであったことも後に知ることになる。

ホテル矢臼別をちょうど通り過ぎたところが矢臼別の入口だった。左端には、

第 7 章　矢臼別闘争を支える平和的生存権

写真 7-1　矢臼別の入り口に建てられている看板

出所　2017年筆者撮影

　　ここは日本国憲法によって守られている主権者国民の所有地です。平和と自然を破壊
　　する者の立ち入りを禁じます。地主一同

と書かれた、細い縦長の黄色い看板が建てられていた（写真 7-1）。それを目にした時、衝撃を受けたことを憶えている。なぜなら、憲法研究を続ける中で、これほどまでに憲法の存在を意識し、それを前面に打ち出した場所を訪ねるのは、初めてのことであったからである。入口付近には、ホテル矢臼別の他、屋根に「自衛隊は憲法違反」と書かれた別のD型ハウスがあった。なるほどと唸った。矢臼別というのは、憲法が門番のようにいるところなのだと。そして、同時に、憲法交流会開催の真意を大きく勘違いしていたことに気が付いた。交流会であるのだから、講演会のように講師が参加者に対し、一方的に話をする形式をとるわけではない。講師とはいっても、それは相互の情報交換と発展的な議論のための話題提供者と位置づけられるものなのではないか。筆者は憲法理論上の話題を提供し、逆に交流会参加者は、憲法を前面に出して民有地を守る〈闘い〉を行ってきた経験を共有する。それを通して、理論と現場の有機的なつながりをめざす。それが交流会と呼ぶべきものなのではないか。

　筆者は、少しだけ新たな発見をしたような気持ちを抱きながら、ホテル矢臼別の中に入っていった。そして、その後のつながりの継続を経て、その理解が矢臼別らしさの特徴の1つであることを実感するようになった。本章では、憲

第Ⅱ部　平和的生存権の新たな連帯

法の平和主義および平和的生存権に着目しながら、そのように出会った矢臼別
で長年展開されてきた「闘争」を支える憲法上の理論を読み解いていきたい。

2　憲法と平和主義

　憲法には、基本的人権の尊重、国民主権、平和主義という3大原理がある。
前文に示されている他、それらを読み取ることができる条文もある。原理のう
ち最も重要なものは、基本的人権の尊重である。しかし、各原理はそれぞれ独
立しているのではなく、相互に交差することで互いに補完する関係にある。そ
のことは、例えば、憲法9条2項の戦力の不保持規定により自衛隊の違憲性を
認めた、長沼ナイキ事件の第一審判決（札幌地方裁判所判決1973年〔昭和48年〕9
月7日最高裁判所民事判例集36巻9号1791頁）においても明確に示され、具体的に
は「憲法前文での平和主義は、他の2つの基本原理である国民主権主義、およ
び基本的人権尊重主義ともまた密接不可分に結びついているといわなければな
らない」と書かれている。

　とりわけ、平和主義は基本的人権の尊重と一体の関係にある。それは憲法制
定時（1946年）とほぼ同時期にあたる1948年に、国連総会で採択された「世界
人権宣言」前文が、「人類社会のすべての構成員の固有の尊厳及び平等で不可
侵の権利を認めることは、世界における自由、正義及び平和の基礎となる」
（筆者訳）と始まるように、平和の前提は、尊厳なしには確立しえない人権にあ
るからである。同じことが、1966年に国連総会で採択された国際社会の人権基
準である社会権規約と自由権規約（これらを合わせて「国際人権規約」と呼ぶ）の
前文の冒頭でも明記されている。また、長沼ナイキ事件第一審判決もこの点を
指摘している。

　また、国民主権は、天皇主権国家であった大日本帝国の特徴の1つである、
国民（当時は天皇の家来と位置づける「臣民」）の意思を上から押さえつけた圧政
を否定し、一人ひとりの国民（人民）がこの国のあり方を決定する権力者（主
権者）であることを明確にするものである。その意味で、人権確保には不可欠
の原理である。上述の矢臼別の入口にある看板に「主権者国民の所有地」と書
かれているのも、平和を築く主体が誰かということを強調するためである。念

のために書いておくと、日本国籍を有する者（＝国民）だけが主体になるという意味ではない。なぜなら、矢臼別闘争は、排他性を否定し、誰もが居場所を見つけることができるようにする運動であるからである（阿知良洋平、2016、「根釧原野から切り拓く平和の未来」清末愛砂・松本ますみ編『北海道で生きるということ―過去・現在・未来』法律文化社、117頁）。

　さて、憲法前文は、４か所で「平和」に言及しているが、その具体的な定義は前文のみならず各条文でも明示されていない。しかし、それを構成する要素は、平和的生存権に言及している前文２段落後半に盛り込まれている。具体的には、①日本が名誉ある地位を占めたいと思う国際社会が専制と隷従、圧迫と偏狭の永遠の除去に努めていると認識している箇所、および②全世界の国民（人民）には恐怖と欠乏から解放される平和的生存権があるとする箇所、から導くことができる。これらがいう専制・隷従・圧迫・偏狭・恐怖・欠乏とは、暴力を振るう主体が特定できる直接的暴力のみならず、構造的に生み出される暴力も含む多様な形態をとる。

3　北海道と平和的生存権

　平和的生存権は、自衛隊関連施設が非常に多い北海道とそれなりに強い関係がある。1960年代後半以降の自衛隊関連裁判で平和的生存権が言及されるようになったからである。有名な裁判例としては、恵庭事件と上述の長沼ナイキ事件がある。

　恵庭事件は、1962年に千歳郡恵庭町（現在の恵庭市）で酪農業を営む野崎兄弟が、隣接の陸上自衛隊島松演習場の爆音などにより、乳牛や家族が具体的な被害を受けてきたこと、また自衛隊が演習時間に関する協定を破って演習したことに抗議し、演習場の通信線を切断した事件である。それにより、野崎兄弟の自衛隊法121条違反が問われた（最終的には無罪）。長沼ナイキ事件は、1969年に航空自衛隊高射教育訓練施設などの建設を理由に、農林大臣が森林法に基づいて保安林指定を解除したことにつき、住民らがその取消しを求めた行政訴訟である。

　両事件が起きた1960年代は、まさに陸上自衛隊の矢臼別演習場の設置が決ま

第Ⅱ部　平和的生存権の新たな連帯

り（1962年）、防衛施設庁（現在は廃止）による土地の買収活動が行われた時期
（1963年から64年）と重なる。この期間に、川瀬氾二さんと杉野芳夫さんを除く
84戸が買収に応じた。時期の重なりは偶然ではなく、当時の東西冷戦構造の影
響が色濃く反映されている。なお、川瀬さんは買収拒否を始めた当初から憲法
上の権利を根拠にしていたわけではない。1965年に大工仕事で訪ねた小学校の
職員室の壁に憲法9条が貼られているのを目にし、初めて憲法があることを知
る。その後、1966年に大阪で開かれた日本平和大会（日本平和委員会開催）への
出席を依頼され、そこで恵庭事件の野崎兄弟の話を耳にしたことから、自衛隊
が違憲性を問われていることを学んだ。それが、1991年にＤ型ハウスの屋根
に「自衛隊は憲法違反」と書くことへつながった（布施祐仁、2009、『北の反戦地
主・川瀬氾二の生涯―矢臼別演習場のど真ん中で生ききった！』高文研、69-71頁）。そ
の意味でも、恵庭事件と矢臼別闘争には接点がある。

　長沼ナイキ事件第一審判決では、上述のように自衛隊の違憲性を認めると同
時に、原告らの平和的生存権を認め、その侵害の危険性があることを理由に指
定解除取消しを求めるだけの法律上の利益があるとした。平和的生存権を認め
る司法判断は、他にも自衛隊のイラク派遣差止訴訟控訴審判決（名古屋高等裁
判所判決、2008年〔平成20年〕4月17日、判例時報2056号74頁）などがある。なお、
同判決は、航空自衛隊による武装した多国籍軍の輸送活動が憲法9条1項（戦
争・武力による威嚇・武力行使の放棄）違反であると認定した。

　では、その平和的生存権とはいったい何であるのか。憲法上の該当箇所の全
文を示すと、「われらは、全世界の国民が、ひとしく恐怖と欠乏から免かれ、
平和のうちに生存する権利を有することを確認する」（前文2段落後半）とな
る。鍵となる要素は「恐怖」と「欠乏」であり、文字通り読めば、日本に住む
者を含む全世界の人々がそれらから解放される権利と解することができよう。
そうであっても、その具体的な権利内容を憲法内のどこから導くのかという点
については、複数の学説がある。例えば、①前文そのものが直接的根拠にな
る、②9条により具体化される、③13条（個人の尊重、生命権・自由・幸福追求
権）の範疇にある、④前文・9条・13条および第3章の人権諸条項の複合によ
る、といったものである。

　恐怖を構成する大きな要素は〈力による支配〉である。戦争や武力行使は恐

76

怖の究極的形態であっても、唯一のものではない。政府による監視や弾圧、学校でのいじめ、各種のハラスメント、家での虐待やDV、失業のおそれなど、実に多様な形態が恐怖を生み出す。欠乏は主には貧困を指すが、勤め先の倒産や病気による失業、自然災害、各種の差別による就職難がもたらす貧困のように、その理由は多様である。また、家族の経済状況ゆえに進学を断念せざるを得ないことも、貧困の範疇に含まれる問題である。このように考えると、平和的生存権は、④のように、権利内容を広く捉えることに妥当性がある。また、④を参照にしながら、対象となるこれらの条項のうち、とりわけ柱となる規定を見定め、そこから学説を発展させることもできる。筆者はその立場をとるが、紙幅の関係で詳細は割愛する。

　ところで、平和的生存権は日本オリジナルの考え方ではない。ルーツは、①1941年1月6日の米大統領フランクリン・D・ルーズヴェルトによる米連邦議会議員に対する一般教書演説で示された「4つの自由」（言論の自由、信教の自由、欠乏からの自由、恐怖からの自由）、および②それに基づいてまとめられ、1941年8月14日にルーズヴェルトと英首相のウィンストン・チャーチルにより発表された「大西洋憲章」にある。恐怖と欠乏からの自由は、世界人権宣言の前文でも言及され、社会権規約と自由権規約のそれぞれの前文にも踏襲された。つまり、平和的生存権はこうしたグローバルな人権基準の一連の発展の中で生まれたのであり、それが北海道の恵庭事件や長沼ナイキ事件のみならず、現在まで続く矢臼別闘争を土台から支える権利になっているのである。

4　非暴力的なコミュニティをつくる矢臼別闘争

　土地の買収活動の後、最終的に川瀬氾二さんと杉野芳夫さんの2戸が残った1964年以降、これらの家族を支えるためにたくさんの農民や労働組合関係者、平和運動関係者が矢臼別闘争にかかわってきた。闘争の形態もこれらの人々のかかわり方も一定の形をとるものではない。闘争というと、演習に対する抗議集会や演習場周辺の町での抗議のスタンディング、演習時の発射音や着弾音の記録化（監視行動）、住民の安全を求める行政への申入れなどを思い浮かべるかもしれない。そういった行動は演習時になされるものであるが、日常における

写真 7 - 2　矢臼別平和資料館

出所　2021年筆者撮影

　運動実践の基本はむしろ、闘争の意義を理解した上で、人が矢臼別に移住し、住み続けることにある。また、全国からの寄付で建てられた「矢臼別平和資料館」（2019年6月開館）（写真7-2）や訪問者のための宿泊所（ホテル矢臼別以外に2か所。うち1か所は2023年開館の「清末愛砂記念館」）の運営管理、ブルーベリー・菊芋の栽培も日常の運動実践である。アート面からは「平和の家美術館」（第6章参照）もある。矢臼別を訪ねると、周辺の酪農家を含む闘争の関係者から食事をごちそうしていただくことがある。これには地産の野菜や乳製品の恵みを体感する意味が込められている。食べるということは、平和的生存権の鍵の1つである欠乏と真逆な関係にある。また、夏には矢臼別平和盆おどり（1965年〜）が開かれ、地元や道内だけでなく全国各地から支援者が集まる。年末にはホテル矢臼別で平和もちつき望年会（1967年〜）が開かれ、地元や道内外から集まった子どもと大人が餅をつき、餅をこねる。一段落ついたところで、みんなで雑煮を食べ始めると、その年の矢臼別十大ニュースが発表され、1年を振り返るのだ。

　矢臼別平和資料館は、民主的な社会を構築するために必要不可欠な権利としての表現の自由（憲法21条1項）を誠実に実践する活動である。これは矢臼別闘争の存在を存在ならしめるために、活動の歩みを記録するだけでなく、訪問者に記憶してもらうことをめざしている。ここからも、表現の自由が基本的人権の尊重および平和主義に密接に結びついていることがわかる。

　ところで、矢臼別平和資料館、清末愛砂記念館、ブルーベリー・菊芋園はい

ずれも、川瀬さんが最初に「開拓」した土地にある。ここは、矢臼別の入口側にある町道と接する土地から離れた「袋地」、つまり「他の土地に囲まれて公道に通じない土地」（民法210条1項）といえる環境にある。入口側の土地に行くためには、演習場内の1.5キロの道路（通称「団結道路」）を通るしかない。この道路は、1972年に川瀬さんの娘の通学を確保するために、別海町議会への請願を通して建設が認められ、その費用は町と自衛隊の双方が拠出した（布施、前掲書、91-93頁）。こうした袋地の所有者らは「公道に至るため、その土地を囲んでいる他の土地を通行することができる」（同条同項）ため、団結道路への通行は認められている。これを「囲繞地通行権」というが、それを確保するためには、袋地を利用する理由が確かにあり、実際にそれを実行し続けることが望ましい。なお、清末愛砂記念館はそうした思いを込め、筆者を含む矢臼別闘争にかかわる有志が出資して建てられた。筆者の名前がついているのは、憲法の平和主義に思いを馳せてきた出資者からの要請を受けてのことである。

　以上で紹介してきた活動の1つひとつが、平和的生存権に依拠しながら、力による支配の一形態である軍事化を拒否し、非暴力的なコミュニティをその対極的な場である演習場内につくろうとする営みである。還元すれば、①自由権（表現の自由に基づく監視行動や集会の開催、資料館の運営、居住する意思の表示など）、②社会権（居住地の確保、ブルーベリー・菊芋園の維持管理など）に加えて、③参政権（矢臼別を支える町議会議員を連続して誕生させるなど）の行使により、平和的生存権を実現しようとする運動である。

　矢臼別闘争は、こういうさまざまな日常の活動と情勢に応じて求められる特別な活動を通して、自分たちが求める平和の姿を多方面から描こうとしてきた。平和は闘いを通して勝ち取るものであるから、そのための実践を地道に試みてきたのである。

5　しなやかな闘い―権利と自由を保持する義務の実践

　憲法にこだわりながら展開されてきた矢臼別闘争は、闘争を形成する多様な活動へのかかわりを通して、一人ひとりが平和的生存権とは何かということを真摯に問いながら、各々が無理なくできることをする運動実践である。その意

第Ⅱ部　平和的生存権の新たな連帯

味では、非常にしなやかな闘いである。筆者は冒頭で紹介した矢臼別憲法交流
会以降、緩やかにかかわるようになったが、今後もしなやかな現場に通い続け
るだろう。その理由は、１人の憲法研究者として現場から気づきを得ること
で、現場に根ざす憲法学、現場に還元できる憲法学とは何かということを丁寧
に探求したいと考えてきたからである。また、その延長で、現場とともにある
憲法解釈を模索することが、筆者なりの矢臼別闘争における運動実践になると
位置づけてきたからである。加えて、矢臼別闘争へのかかわりを通して、平和
的生存権の鍵である「恐怖」を形成する力による支配を否定し、非暴力的な社
会の構築に１人の個人として参画したいという強い気持ちがある。

　矢臼別闘争を土台から支える平和的生存権の実現とは、軍事化が個人の日常
生活に迫ることから生じる〈恐怖〉から解放されることだけをめざすものでは
ない。同時に、生きる上で欠かすことができない生活の場を獲得し、そこでの
心豊かな生活のあり方をさまざまに見いだそうとすることで、〈欠乏〉に抗っ
てきた運動実践でもある。そこに居続けること、また工夫しながら軍事化と対
極にある手法で民有地を丁寧に維持しようとする行為自体が、「この憲法が国
民に保障する自由及び権利は、国民の不断の努力によつて、これを保持」（憲
法12条前半）することを具体的に示す営みである。今後、その営みをどのよう
に維持することができるか。その方法もまた、緩やかな人の交わりとかかわり
から生じる知と徳により編み出されていくのだろう。

〔参考文献〕
猫塚義夫・清末愛砂、2023、『平和に生きる権利は国境を超える―パレスチナとアフ
ガニスタンにかかわって』あけび書房
清末愛砂・松本ますみ編、2016、『北海道で生きるということ―過去・現在・未来』
法律文化社
布施祐仁、2009、『北の反戦地主・川瀬氾二の生涯―矢臼別演習場のど真ん中で生き
きった！』高文研

【清末愛砂】

第8章　平和への思い
―― 伊江島から移住し矢臼別闘争にかかわる上出雅彦さん

　上出雅彦さん（67歳）は、沖縄県の伊江島（沖縄本島・本部港よりフェリーで30分余り、図8-1参照）で生まれ育ち、農家実習の縁で別海町に移住した。別海に来てからは、矢臼別闘争にかかわるようになった。伊江島での経験はどのようなものだったのだろうか。その経験を踏まえた矢臼別への思いとはどのようなものだろうか。マイペース酪農で日々感じている命の視点から、さまざまな命の現場へ広がる、平和への思いを語ってもらった。

写真8-1
清末愛砂記念館で語る、
上出雅彦さん

2024年7月14日　インタビュアーによる撮影

1　伊江島で生まれて―父の沖縄戦体験

　私が生まれた1957年は、沖縄にたくさんの米軍の基地ができていて、演習が激しくなっていた頃です。私は、農家の次男坊でした。兄、妹、弟がいます。伊江島は、元々いろんな作物をつくっていた、農業の島でした。養豚、サトウキビ、スイカ、野菜類などです。製糖工場は一度なくなったのですが、最近再び黒砂糖が流行って、小さな製糖工場が復活しています。

　子どもの頃、父の戦争体験は、それほど聞いていませんでした。聞いたのは、私が北海道に来てからでした。

　米軍の艦船が沖縄の海にやってきて、戦火が激しくなってきた時のことです（1945年3月26日、慶良間諸島上陸）。祖父と親しくしていた人が沖縄本島にいて、私の父の家族を疎開させる時に船を出してくれました。夜に、家族で約束した海岸まで行きました。逃げるにしても、昼間は危険で船が出せないからです。

81

第Ⅱ部　平和的生存権の新たな連帯

図8-1　第8章で登場する地名

　10人ぐらいしか乗れないような小さな船だったのですが、他にも本島に渡りたい人たちがいっぱい集まっていました。父の家族の乗る船に、みんな、船べりに手を掛けて「乗せてくれ」と頼んでいました。みんな助かりたいものですから、なかなか手を離してくれません。船を漕いで、船べりをばんばんたたいて「手を離してくれ」と言わざるを得ないのです。その時に父は、すごいショックを受けたみたいでした。胸にすごく焼き付いていたみたいです。

　私の父が、まだ13歳ぐらいの時です。父も、14歳になっていたら多分、旧日本軍の少年兵として徴集されていたと思います。1つ年上だったら、旧日本軍の「鉄血勤皇隊」（14～16歳の少年兵部隊）などに徴集されて、旧日本軍のスパイとして、使われてしまったはずです。

　島に自然の洞窟で「ガマ」と呼ばれている場所があるのですが、当時は、そこに隠れて避難していました。艦砲射撃を受けて、ガマの岩が上から崩れて、自分の頭の上に、どさどさっと落ちてきたそうです。次の瞬間、死ぬんじゃないかというような、そんな心境だったらしいですよ。父の家族にも高齢者がいたらしいのですが、「足手まといになるから、逃げないでここにいるから」と言うので、そのまま置き去りにした人もいたらしいです。目がもうほとんど見えなかったおじいちゃんでした。

　沖縄戦が終わっても、伊江島の父に、平穏は訪れませんでした。米軍が爆弾を海で処理していたらしいのです。爆発事故が起きたのはその時でした。それはすさまじい爆発だったそうです。爆発現場から父が漁をしていた海岸近くまでは、何キロも離れていたのに、爆風で吹き飛ばされたそうです。父たちが、急いで救助に向かうと、真っ黒こげの死体がそこにはあったそうです。

第8章　平和への思い

2　子どもの頃—米軍の激しい射撃演習

　私に記憶があるのは、子どもの頃の射撃演習のことです。戦後、米国の統治下となり、米軍の射爆場が激しく訓練するようになりました。演習場のすぐそばが、私の実家のサトウキビ畑でした。収穫時期になると、真上を飛ぶ演習がすごく激しかったのです。海から島にめがけて、何回もぐるぐると来て、爆弾を落とす訓練をしていました。朝8時ぐらいから、夕方遅い時には5時ぐらいまでやっていました。大体、3機ぐらいでやるのです。

　サトウキビの収穫の時期になると忙しく、畑でずっと作業を続けなければなりません。戦闘機が飛んでくるコースがたまに自分たちが作業をしている真上になります。私たちが農作業をしているところを、「標的」みたいに、ものすごい低空で音を立てて飛んでいきます。あの時は、自分が持っているサトウキビ畑用の道具、例えば、収穫機、鎌だとか、柄の付いた斧だとか、みんな放り出して耳をふさがなければ、耐えられませんでした。

　私は道具を放り投げて耳を押さえていたのですが、戦争を経験した人間は、耳を押さえないで見ているだけでした。戦争のほうがはるかに怖いから、こんな演習は、本当に弾を落とすわけではないので、ただ見ているだけでした。全然違うのですね、戦争を経験した人と、していない人では。戦争というのはそれほど恐ろしいのですね。

　普天間飛行場（図8-1、沖縄本島中部の米軍飛行場）の周りで、同じように騒音に苦しんでいる人たちは、やはり私と同じような経験をしているから、耐えられないのではないかと思います。

3　青年時代—定時制高校、東京労働学校での学び

　中学3年生の時が、日本への「復帰」でした。ドルが円に変わって、右側通行が左側通行になりました。

　私は中学校を出て、1年間は高校へ行かずに、島で家の手伝いをしていたのですが、17歳の時に鹿児島県にある自動車整備学校に行きました。鹿児島で資

83

第Ⅱ部　平和的生存権の新たな連帯

格を取り、東京の整備工場で2年少し働きます。

それからまた一度、伊江島に戻って家の手伝いをしていたのですが、やはり、高校に行きたいと思いました。渋谷の代々木高校というところに進学しました。ここは定時制の高校で、午前中だけ授業を受けて午後からアルバイトができるので。それで、配達のアルバイトをしながら、4年間、そこで勉強しました。

夜は少し余裕があったので、飯田橋にある東京労働学校（労働者が労働問題や社会問題を学ぶ民間の学び場）へ行っていました。週に一度の講義があって、経済や哲学などを教えてくれていたのです。私は欲張って、週に2回か3回ぐらい行っていました。そこへ行くと、聞いたこともない話をしてくれるので、面白くて。高校の授業も大事だったけれども、ここのほうがずっとためになると思っていました。まだ若かったから、それだけ無理ができたのかなと思います。

私は、小学校と中学校時代は勉強が嫌いでした。学校には行っていたけれども、勉強にはついていけなかった。勉強が面白いと思ったのは、東京に出て東京労働学校へ行ってから。初めて、「学ぶ」ということがこんなに面白いのだとわかりました。

行ったのは、兄の影響です。私の兄が千葉の大学に行っていました。たまに、連絡を取ったりとかして、遊びに行ったりもしていて。沖縄学生会館というのが当時あって、兄はそこに住んでいました。兄も東京労働学校へ行っていて、「じゃあ、一度行ってみるかな」という感じになりました。それから、申し込みをして行ったのです。

受講生は、ほとんどが働いている労働者でした。まだ国鉄（日本国有鉄道）が民営化されていない時代に、国鉄の職員の人たちが来ていました。あの頃、そういう労働学校へ来る人というのは、差別を受けて、配置転換されて、例えば、草むしりの仕事をやらされたりしていたのですね。学んで、そういうことに抵抗する力をつけていました。

当時、伊江島の中では、土地を自衛隊や米軍の基地に提供する軍用地主と、提供を拒否する反戦地主とに分かれていました。父によると、私の親戚の中には、保守的な立場をとる軍用地主会に所属していた人もいました。私の叔父

84

は、軍用地主会の会長もやっていたと聞いたことがあります。一方で私は、東京で社会のものの見方を教わってきていました。叔父は、優しい人でものすごく子どもが好きな人でした。なので、私は小さい頃からこの叔父が大好きだったのですけれども。

　私の兄も、結婚して伊江島に戻って伊江島の役場で働いていましたが、役場でも、労働組合などの仕事をやっていたので、親とは相当犬猿の仲になっていたみたいでした。

　私はもう30歳近くになっていたものですから、実家の農業を継ぎたいと思っていました。「お父さんの後、継ぎたいんだ」と言いました。しかし父は、私がいろいろと東京で学んだ内容がどうも気に入らなかったようです。「あんたが島に帰ってきていろんな反戦運動なんかされると、ちょっと困るんだ」とまで言われてしまいます。それで、「これはもう私の行き場所は、島にはなくなった」と思いました。それでも、やはり農業で将来生きていきたいと思いましたし、農業の勉強だけはしておきたいと思っていました。

4　別海の農業実習へ―そして矢臼別との出会い

　酪農への関心は元々ありました。高校生の夏休みを利用して、別海で1か月間、実習していた経験があります。代々木高校に通っていた時です。実習のために来たわけではなくて、ふらりと旅行でした。「一度は北海道に行ってみたいな」と思っていたのです。

　別海の役場へ行って、「どこかアルバイトができるような所はないですか」と尋ねました。すぐに、アルバイト先へ連れて行ってくれました。まだ、コンパクトベーラー（農機具）を使って、四角く束ねた牧草が主流だった時代です。それをトラックに乗せる仕事だったらたくさんあったのです。

　あとあと考えてみると、その経験も、後に農業実習に来る時に役立ちました。新聞に上出牧場の「酪農実習生募集」の広告が載っていたのです。電話をしてみました。「今朝から15人ぐらい、もう電話来ているんですよね」と言われました。そこで「私も農家の息子で、いろいろとやってきたんで、機械など乗れるので、もしよかったら使ってください」と言ったのです。そうしたら翌

85

第Ⅱ部　平和的生存権の新たな連帯

日、電話で「来てくれ」と言われたのです。

　いまの義理の父ということになりますが、当時の上出牧場の経営主の上出五郎は、矢臼別演習場をめぐる運動に、ずっとかかわっていた人でした。川瀬さんたちと、ここの闘いを始めた人たちの1人でした。私が来た頃には別海町議会議員をやっていました。だから、矢臼別の運動には、しょっちゅう顔を出していました。

　私が上出牧場へ行った時は、ちょうど矢臼別平和盆おどりの時期でした。そして、盆おどりに誘われました。私はその時まで、矢臼別演習場の存在すら知りませんでした。演習場の中で、土地を売らずに頑張って生活をしている人がいて、それを励ます運動で、平和盆おどりというのがあるというのも初めて知ったのです。沖縄以外に横田や横須賀にも米軍基地があるというのは聞いていたけれど、自衛隊の演習場についてはあまり意識していませんでした。

　上出牧場には一時的にお世話になる予定だったのですが、上出五郎の娘（後に妻となる）が「ずっといてくれ」と言ってくれたのです。実習に来て、2か月ぐらい経った時のことでした。私も沖縄の経験が根底にあるものですから、ここでも、自分がやれることがあるのではないかと思ったのです。そこから、別海での人生が始まりました。

5　マイペース酪農への転換

　私が29歳で上出牧場へ来た時は、34頭牛舎でした。親牛の34頭が牛舎にいて、育成牛である子牛は別の棟にいました。それでも、牛乳の生産調整だとか、農家にとって大変な問題がいろいろあった時期でした。

　実習に来た頃のことですが、経営主だった上出五郎は、1年間で牛を10頭くらい病気で廃用牛にさせていました。それは本来なら、離農せざるを得なくなるくらい大変な状況でした。牛飼いのやり方がまずかったのです。町議をやりながら、農協の理事をやって、わらじを3つぐらい履いていました。だから、牛は増やさなかった。周りはみんな50頭だとか、そんな数を抱えていたけど、私の義父は、そんなに面倒を見ていられなかったのです。

　隣の農家の方が、「別海酪農の未来を考える学習会」の実行委員をやってい

86

写真8-2　上出牧場の牛舎にて

2024年7月15日、インタビュアーによる撮影

ました。私もそれに誘われて、一緒に手伝いました。当時は、配合飼料を多く食べさせて、1頭あたりの乳量を上げるというやり方でした。ちょうどその頃、草に配合飼料を混ぜた「TMR」(完全混合飼料)の技術が導入され始めたのです。

　しかし、中標津で風土に生かされた酪農を実践していた三友盛行さんの話を聞いて、「こんなやり方があったのか」と衝撃を受けました。三友さんには『マイペース酪農──風土に生かされた適正規模の実現』(2000、農山漁村文化協会)という本があります。それで、配合飼料をそこまでやらずに、牛が飼えるのだということがわかりました。

　しかも経営の中身を見たら、配合飼料の購入量がものすごく少なくて、化学肥料も少なくて、それでも、きちんと帳尻が合っています。出費を差し引いて手元に残っているお金が、大して変わらない。生産がどんなに上がっても、手元に残っているお金があまりないような大型の経営もあります。TMRを利用すると、そういうことになっていたりします。

　勉強しながら、みんなで変えていきました。1人だと絶対できない。1年に1回では駄目だとなって、毎月集まって学習をする交流会をしようということになりました。それで、毎月の交流会が始まったのです。その当時、搾乳が終わって、夜に厚岸や浜中から集まっていました。西春別駅前の高橋昭夫獣医師のところです。夜12時ぐらいまで、みんな一人ひとりの話をよく聞いていま

した。

交流会には夫婦同伴で参加し、女性が活発に意見を言っていました。一般的に夫が主導で、妻が不満を抱えながらも夫について経営に参加するというような姿がよく見られます。しかし、交流会はそういうのとは違いました。厚岸の農家の女性が言っていたけれども、「男のロマンは女の不満」だと。交流会は平等に意見を述べることができる場でした。マイペース酪農への転換をするための意識を夫婦で持つことができる場だったのです。いまでいう「ジェンダー平等」の先取りですね。

交流会が始まった頃のわくわく感をいまでも思い出します。新しい出会いができました。みんな、いままでのやり方を変えるのはすごい冒険になるから、どうなるのかという不安がありました。でも、どんな経験をして何を試みたのかと報告・交流し、学びあいながら、マイペース酪農の形をつくっていきました。

6　根底でつながる、命と平和への思い

マイペース酪農でなければ気が付かないことが、やはりあります。何のために大地を人間が利用させてもらうのかと。爆弾を落とす、そういう訓練の場じゃなくて、大地から恩恵を受ける、そういうものを大切にして生きていくことが、一番人間の大切な問題ではないのかということです。どこにいても、それは共通の問題だと思います。

中村哲さん（およびペシャワール会のワーカー、現地の住民たち）のことも思い出します。アフガニスタンで用水路や堰をつくりましたね。向こうの人たちに水を供給して、緑の大地を作ったでしょう。向こうの人たちも、そういうことをやってくれたということで、日本人をものすごく尊敬もしてくれているだろうと思います。

沖縄戦が終わって、私の父が、米軍の捕虜になった時のことです。いま、米軍の新基地建設のために埋め立てられている辺野古のあのあたりに、収容所が設けられました。そこに半年、収容されていたのです。伊江島を米軍が使うので、伊江島の人たちだけは、2年間、島に帰してもらえませんでした。久志区

という地域があるのですが、そこで伊江島の人たちは生活していました（伊江村史編集委員会編、1980、『伊江村史』下巻、494-507頁）。私の親は、泳ぎ達者なものですから、毎日海に行って、魚や貝を採ってきて、家族に食べさせていました。そうして命を生きながらえた、あの場所が、埋め立てられそうになっているのです。それには父も耐えられず、私と一緒に、2回、座り込み（新基地建設の反対の座り込み）現場に行きました。そこで、参加者を励ましていました。

　父は軍用地主でしたが、伊江島の人たちもみな、お金で分断されていたのです。本当は、耕作地としてお金をもらえないのだったら、みんな、基地はすぐに撤去すべきだという意見が多いのです。それが、本当に分断されてしまっています。そのお金がないとまた、生活が苦しいという背景があります。

　ですから当時、「銃剣とブルドーザー」といわれ強引に進められた米軍基地建設の際には、阿波根 昌鴻さんをリーダーとした、非暴力の島ぐるみ闘争が起きていました。そこには、戦争という、そんなひどいことをされたら絶対に嫌だという強い思いがありました。私も子どもながらに、島の人たちのそうした姿を覚えています。

　いま、沖縄の離島のほうにも、自衛隊の基地がどんどんつくられています。あれを見ると、伊江島で米軍がやったことを、今度は日本政府がやっているのだなということがよくわかります。脅しですよ、あれは。「守るために必要だ」と言っているけれども、沖縄の経験を踏まえれば、本当は守るどころか、巻き込むための基地になります。

　埋め立てられている辺野古というのは、親が戦後、本当に命をつなぐためにそこに行っていた生活の場でしょう。そこで生活できたおかげで、私へと命がつながっていますから。自然は、命を生かすために使うべきです。

インタビュアーの言葉①

　上出さんのお話の中で最も強い印象を抱いたのは、戦争を経験した人と、戦争を経験していない人の違いだった。音は似ていようとも、戦場での爆撃と訓練には〈違い〉があることを経験者は知っている。究極的な恐怖心を抱かされるからだろう。その違いを言語化するのは難しい場合があっても、身体の反応には自然に現れることを学んだ。（清末愛砂）

第Ⅱ部　平和的生存権の新たな連帯

インタビュアーの言葉②

　青年時代の学びやマイペース酪農の経験を聞いて感じたのは、生活者の切実な思いから生まれてくる学びが、いつも上出さんのそばにあったことだった。平和をつくるには、共同的な学びや教育が、大事な役割を担っていることを感じ取った。（阿知良洋平）

　＊このインタビュー内容を上出さんと一緒に確認する作業を清末愛砂記念館で行っていた時も、陸上自衛隊の演習の砲弾音が鳴り響いていた（2024年10月12日）。

〔参考文献〕
伊江村教育委員会編、1999、『証言・資料集成　伊江島の戦中・戦後体験記録―イーハッチャー魂で苦難を越えて』伊江村教育委員会
阿波根昌鴻、1982、『写真記録　人間の住んでいる島―沖縄・伊江島土地闘争の記録』阿波根昌鴻

【インタビュアー・まとめ　清末愛砂・阿知良洋平】

コラム③　矢臼別平和公園

2009年に亡くなった川瀬氾二は、陸上自衛隊矢臼別演習場を平和公園にしたいとの構想を抱いていた。川瀬は演習場内に2筆の土地（1筆は飛び地）を所有していたが、現在その土地は一般社団法人ピース矢臼別が管理している。ここではその土地を「矢臼別平和公園」と呼ぶことにする（以下「矢臼別」とする）。川瀬はなぜ、「自衛隊演習場を平和公園に！」の発想に至ったのだろうか。川瀬の著した『矢臼別の馬飼いと自衛隊』（2011、水公舎）の開拓編（三）には、開拓当時の自然描写があり、カッコウ、ツツドリ、キジバト、エゾセンニュウ、フクロウ、ノゴマ、ノビタキなどの鳥が親しみをもって書かれている。また、川瀬は堅いナラの根を伐根するたくましさを持ちながらも、芋虫は苦手だったようだ。戦場で人を殺す訓練をする演習場より、のどかな平和公園を願った川瀬の思いに共感者は多い。

筆者は2011年に縁あって矢臼別を訪れた。独特の雰囲気が肌にあったことと、矢臼別の自然を知りたいという気持ちで、それ以降足しげく通うことになった。元々、野生生物の調査を仕事としていたため、各種生物調査を行った。これらの情報については、矢臼別平和委員会より毎年発行されている『演習場のど真ん中から』という冊子に、写真を用いて紹介してきた（第17集〜第25集）。また、2019年にオープンした矢臼別平和資料館には、矢臼別の動植物を解説展示した。ここでは項目ごとに概要を伝えたい。

（植物）

矢臼別では、雪が残り湿原がカチカチに凍っている4月初旬、日当たりのよい林縁や川沿いではフクジュソウが開花する。その次にヒメイチゲ、エゾエンゴサクが咲き、大地に彩りを添える。長い冬を堪えていた草木は、次々と芽吹き始める。

植物のまとまり（植生）を大まかに牧草地、森林、湿原に分けて説明したい。牧草地は前述の川瀬の著書によると、1950年代にミズナラやカシワ、シラカンバなどの生えている森林を開墾し、そこに牧草種子を播いている。チモシーやムラサキツメクサなどの牧草や、セイヨウトゲアザミ、ハルザキヤマガラシ、ホコガタハナガサなどの外来植物が多い。

森林は過去に薪炭林として利用されており、現在はシラカンバ、ミズナラ、ケヤマハンノキが優占する二次林になっている。またエゾイタヤ、ハリギリ、ハルニレ、ネムロブシダマなどが混生する。森林の下層植生は、センダイザサが優占し、クサソテツ、アキタブキ、ヨブスマソウなども見られる。

湿原は高木層としてハンノキが優占し、ヤチダモ、オノエヤナギ、カラコギカエデ、ハシドイなどが混生する。湿原の低木層は、ノリウツギ、ホザキシモツケなどが見られる。草本類は種数が多く、「谷地坊主」と呼ばれるカブスゲのほか、ヨシ、ミゾソバ、ウナギツカミなどが見られ、川沿いにはクロユリ、ギョウジャニンニクなどが生育する。

（ほ乳類）

　一年を通してよく見られるのはニホンジカ（エゾシカ）で、主に夏は牧草、冬は笹を食べている。その他のほ乳類については見かける機会が少ないため、赤外線センサーカメラを設置して撮影した。写真を確認するとアカギツネやタヌキは頻繁に写っており、ユキウサギ、クロテン、ミンクも確認できた。センサーカメラには写らないコウモリ目やネズミ科、トガリネズミ科については、道東コウモリ研究所の近藤憲久所長にご協力いただき、許可を得て捕獲道具を用い調査した。その結果、D型ハウスにはニホンウサギコウモリが、人工池である「平和池」にはウスリーホオヒゲコウモリとカグヤコウモリ、森林ではテングコウモリなどが確認された。コウモリはあまり観察する機会もないため、調査と同時に観察会も行っている。このほかアカネズミ、タイリクヤチネズミ、オオアシトガリネズミなども確認された。また、ヒグマも時々目撃されている。

（鳥類）

　春先に南方より飛来してくる渡り鳥（夏鳥）は、センダイムシクイやエゾムシクイ、ウグイス、キビタキなどで、特に6月の早朝はこれらの雄がにぎやかにさえずる。また同じ時期にオオジシギ（別名「雷シギ」）というシギの仲間がオーストラリアから渡ってくる。オオジシギは飛翔しながらジッジッと鳴き始め、下降するときは雷を思わせる羽音を立てる。積雪期を含め一年を通して観察できるのはハシブトガラ、ゴジュウカラ、ヒガラ、アカゲラ、コゲラなどで冬でも小さな虫や植物の種子などを食べて暮らしている。目撃する機会は少ないがタンチョウのつがいが牧草地で採餌していたり、オジロワシが空高く飛翔していることもある。

（昆虫）

　残雪の残る4月初め、木の幹に糖蜜をスプレーすると、ミヤマオビキリガやホシオビキリガなどヤガ科の蛾が多く集まってくる。7月の夜にはヘイケボタルが光を点滅させながら飛んでいる。8月に実施される平和盆おどりでは、電灯に寄せられた蛾の大群がみられる。オビカギバ、キタエグリバ、ガマキンウワバ、オオクシヒゲシマメイガは、枯葉に良く似た姿をしている。秋にはさまざまな虫の鳴き声が聞かれ、カンタンは「ルルルル」ときれいな声で、コオロギ科のエゾスズは小さな声で、キリギリス科のハネナガキリギリスはにぎやかに鳴く。冬期にも昆虫観察はでき、ミズナラの冬芽をよく観察するとジョウザンミドリシジミの小さな卵が産みつけられていた。

（魚類）

　丘陵地から湿原を見下ろすと、河川が大きく蛇行しながら流れているのが分かる。そこにはヤマメやアメマス、フクドジョウなどが生息している。また春には産卵のために遡上した婚姻色のウグイの群れが見られることもある。小さな河川ではあるが下流は風蓮川に接続し、道立自然公園に指定されている風蓮湖へとつながる。

【深津恵太】

第 III 部

日常生活における暴力と平和のつながり

第9章　若者を取り巻く暴力
——ジェンダー問題と貧困

1　暴力は貧困から生まれるのか

　筆者は、弁護士として、日常的に DV（Domestic Violence）事件に関わっている。読者は、DV 世帯にどのような印象を持っているだろうか。殴る蹴るといった身体的暴力だろうか。粗暴な夫は、定職に就かず、アルコールやギャンブルに依存し、経済的にも困窮している。被害を受けている妻は、必死に耐えながら子どもと寄り添っている。そのような印象であろうか。

　この印象は、正しいようで正しくない。もちろんこのような典型的な DV 世帯も少なくないが、長時間にわたる叱責や人格否定など、いわゆるモラルハラスメント（モラハラ）の事例では身体的暴力は多くない。夫は、家庭内では粗暴であるが、社会的には地位もあり安定した職業に就いている事例も多い。妻は、自身の受けている暴力を認識しつつ、なんとか状況を打開したいと考えながら相談を繰り返している事例もあるし、子どもの心身の不安定さから通院を繰り返している事例もある。多くの事例をみてきた中で、その被害の実態は各世帯においてさまざまである。被害を受け続けている期間、方法、強度、受け止め方、切迫度。その被害は一定の分類化はできるものの、個別性が強い。暴力は貧困の中から生まれている、というステレオタイプは必ずしも妥当しない。しかし、加害の根底にある価値観は共通していると感じている。

　本章においては、様々な暴力の諸相をみながら、加害の根底で共通する価値観について概観したい。

2　3日に1人が殺されかけている⁉

　殺人（既遂）0件。殺人（未遂）111件。傷害致死1件。傷害2640件。暴行

第9章　若者を取り巻く暴力

5026件。

　これは、警察庁から2024年3月28日に公表された「令和5年におけるストーカー事案、配偶者からの暴力事案等、児童虐待事案等への対応状況について」という資料の中にある「配偶者からの暴力事案等の検挙状況」の数値である。これによると、2023年の配偶者からの暴力事案等の刑法犯・他の特別法犯の検挙件数は8636件である。冒頭にあげたのは、その罪種別内訳のうち、結果が重大である犯罪の検挙数である。なお、過去5年間の推移は、表9-1の通りである。

表9-1　配偶者からの暴力事案等の検挙状況と主な
罪種別内訳　　　　　　　　　　　　（件数）

罪　　名	2019年	2020年	2021年	2022年	2023年
検挙件数	9090	8702	8634	8535	8636
殺人（既遂）	3	0	2	0	0
殺人（未遂）	110	110	108	116	111
傷害致死	2	1	2	1	1
傷　　害	2784	2626	2509	2518	2640
暴　　行	5384	5183	5230	5096	5026

出所　https://www.npa.go.jp/bureau/safetylife/stalker/R5_
STDVRPCAkouhousiryou_syuusei.pdf
この表を含め、本節の表は、筆者が上記資料から抜粋
して作成した。

　家族は多くの人たちにとって、最も親密な関係であり、家の中というのは最も安全な場所である。しかし、私たちの社会においては、配偶者からの暴力によって、およそ3日に1人が殺されたり殺されかけたりしている。殺意までは認められなくとも、身体的な暴力を受けてケガをした傷害事件は、1日あたりおよそ7件。ケガまではしないものの何らかの有形力の行使があった暴行事件は、1日あたりおよそ14件発生していることになる。

　相談等の件数はさらに多く、2023年の受理件数は8万8619件であり、2001年の「配偶者からの暴力の防止及び被害者の保護等に関する法律」（DV防止法）施行後で最も多い。相談者の内訳を見ると、加害者は男性で被害者は女性と言い切ることはできないものの、それでも被害者の7割以上が女性である（表

95

第Ⅲ部　日常生活における暴力と平和のつながり

表9-2　配偶者からの暴力事案等の被害者・加害者の
　　　　性別　　　　　　　　　　　　　　　　（人）

被害者の性別	2021年	2022年	2023年
男　　性	2万0895	2万2714	2万4684（27.9％）
女　　性	6万2147	6万1782	6万3935（72.1％）
加害者の性別	2021年	2022年	2023年
男　　性	6万2128	6万1704	6万3436（71.6％）
女　　性	2万0914	2万2792	2万5183（28.4％）

9-2）。

　また、このことは、「地震、雷、火事、親父」といわれた過去の遺産という
訳でもない。被害者および加害者いずれの年齢構成（表9-3）をみても、20代
から40代で7割を占める。配偶者からの暴力事案、すなわち婚姻関係または婚
姻に類似した生活の本拠をともにする交際関係にある者からの暴力であるか
ら、19歳以下は少ない。しかし、確かに存在する。

表9-3　配偶者からの暴力事案等の被害者・加
　　　　害者の年齢　　　　　　　　　　　　（人）

	2022年		2023年	
	被害者	加害者	被害者	加害者
19歳以下	1159	961	1358	979
20歳代	2万0172	1万8495	2万0930	1万9213
30歳代	2万2029	2万1267	2万2698	2万2201
40歳代	1万8756	1万9358	1万9303	1万9841
50歳代	1万0680	1万1357	1万1705	1万2526
60歳代	4580	4936	4869	5119
70歳以上	7068	7937	7703	8546
年齢不詳	52	185	53	194

　これまで示した暴力の相談件数、検挙件数、加害者被害者の性別や年齢構成
からすると、DVは確実に世代間で継承されているようにもみえる。その原因
はどこにあるのか。この暴力の連鎖は断ち切ることができるのか。

第9章　若者を取り巻く暴力

3　見えるようで見えない暴力

さて、ここでいくつかの質問をしてみたい。

Q1　恋人からの連絡には即レス？
Q2　つきあっていればいつも一緒が当たり前？
Q3　一緒にいるためならバイトもやめる？
Q4　記念日ならなんでもプレゼントは当たり前？
Q5　愛し合っていればどこでもキスしてOK？

これは、内閣府男女共同参画局のデートDVに関するホームページの冒頭に
ある質問である。[2] DVはすでにみてきたように、配偶者や親密圏にある人の間
に起こる暴力をいう。デートDVとは、恋人同士の間で起こるDVをいう。
その意味では、比較的若い世代にも当てはまるものである。DVの加害者と被
害者の関係は、「支配する／される」という支配・被支配の関係性にある。こ
の関係性は、婚姻関係の有無や同居の有無によって左右されることはない。さ
らにいえば、恋愛関係の中にも限られない。学校の中や友人関係の中にも、ま
たは職場環境の中にもみいだすことができる。その意味で、あらゆる人間関係
の中に存在するといってよい。

　この支配・被支配の関係性から、上記の質問をみてもらいたい。支配・被支
配の関係性は、対等な関係性を意味しないので、性別を問わない。上記質問に
共通するのは、「私はあなたのことを愛しているから」という理由によって、
相手の行動や心情を支配しようというものである。ここに、身体的な暴力は存
在しない。そのため、外形上は非常に仲のよいカップルに見えるかもしれな
い。しかし、このカップルの関係性には、支配・被支配の関係性が存在してい
る。そこに対等な関係性は築けないからである。一方の要求に応えることがで
きなかったり、あるいは拒絶したりすると、要求する側は不機嫌になったり、
無視をしたり、別れ話を切り出したりするだろう。すると、要求された側は、
相手を怒らせてしまったと思い、反省し、2人の恋愛関係を維持するために我
慢すればよいのだと自分を納得させることで、相手の要求を受け入れていくよ
うになる。この関係性は、けっして対等な関係性とはいえない。恋人同士で

97

第Ⅲ部　日常生活における暴力と平和のつながり

あっても、それぞれにプライベートな時間はあるし、出会うまでに築いてきた家族や友人、職場との関係もある（Q1〜3）。また、自分の持っているお金や時間は、自らの意思で使うべきものである（Q2〜4）。そして、何より自分のからだに対する接触の許否は、そのタイミングも含めて、自らによって判断されなければならない（Q5）。上記の質問は、いずれもデートDVの可能性をあぶり出す質問である。

　このような対等な関係性が築けていないカップルは、婚姻関係の有無に関わりなく、DVのサイクルに飲み込まれることが多い。蓄積期→爆発期→安定期→蓄積期→爆発期…というサイクルである。蓄積期とは、次の爆発期に向けてストレスを貯めている時期である。自身の要求が通らず、支配できていないことに対するストレスで、些細なことで怒るなどいつキレるかわからない状態にある時期といえる。爆発期は文字通り、ストレスを爆発させている時期である。身体的暴力もこのタイミングで起きやすい。衝動的に怒りをぶつけたり、直接的な暴力を振るったりするので、被害者はこれをなだめることに必死になる。被害者の些細な落ち度を強調して暴力のきっかけをみいだすこともあり、とにかく謝罪するしかないので、ひたすら謝り続ける。また、被害者は暴力を振るわれる理由がわからない中で暴力を受ける。この理不尽な状況をなんとか理解しようと必死になると、被害者自身が気づかないうちに加害者を怒らせてしまったのではないか、それ以外に理由はない、と思い始める。むしろ、「私が悪かったのだ」と思わなければ、この理不尽な状況を受け入れることができない。この繰り返しによって、被害者は自責を強め、無力感を植え付けられることになる。一通り加害者のストレスが発散されると、安定期に入る。安定期に入ると加害者は一変して優しくなったり、爆発期の暴力を泣いて謝罪したり、プレゼントを買ってきたり、二度と暴力を振るわないなどと約束する。DVは、信頼や愛情を前提とする親密な関係性の中で生じる。それゆえ、被害者はこの言葉を信じて、関係性を維持しようとしていく。しかし、その一方で加害者のストレスは徐々に蓄積され、次の爆発期へ向けた蓄積期へと入っていくのである。

　DVのサイクルは、身体的な暴力を伴うことが多い。しかし、常に身体的な暴力が必要というわけでもない。デートDVの例からも明らかなように、身体

第9章　若者を取り巻く暴力

的な体力差に限らず、経済力、学歴、社会的な地位などを理由として、相手よりも自らを優先しようとすることで、身体的暴力を利用せずに優位に立つこともできる。かつては男性が優位に立つことが圧倒的に多かったが、近時は女性が優位に立つことも少なくない。その関係性が固定化されるようになると、一方が常に優先されるべき存在となり、他方は劣位に置かれる。このようにして支配・被支配の権力関係が生じることになる。このような関係は、けっして平和な関係とはいえない。対等性が否定された支配・被支配の関係性の中には、平和は存在しないのである。平和学の父と呼ばれる、ヨハン・ガルトゥングは、平和の対義語は、戦争ではなく暴力であるという。DV カップルは常に暴力にさらされているといってよい。DV における暴力は、一般に次のように分類される。

　身体的暴力：殴る、蹴る、髪を引っ張る、物を投げつけるなど
　精神的暴力：「バカ、間抜け」「お前は俺がいないと何もできない」「無能」などといった人格を否定する暴言、無視など
　経済的暴力：生活費を渡さない、レシートで購入したものを細かく説明させる、金銭管理をさせない、借金を強要するなど
　社会的暴力：仕事を辞めさせる、友人との交際を制限する、実家に帰さない、連絡先の削除など
　性的暴力：同意のないセックス、避妊に協力しない、ポルノをみせるなど

　いずれの暴力も、被害者の尊厳を打ち砕くものであり、人権侵害であることはいうまでもない。加害者は、これらの暴力を、自覚的であるか、無自覚的であるかを問わず、最も自身の支配にとって効果的な方法を選択している。それは、一般的に DV 加害者が、社会生活には適合していることのほうが多いことからもいえる。もちろん、加害者が粗暴的な性格を有していることもなくはないが、社会的地位や職業、経済的に安定している加害者は少なくない。周囲からは、仲の良い夫婦、カップルとみられていることも多く、被害者はそのギャップにも悩んでいる。裏を返せば、加害者は、暴力を振るえる相手と振るえない相手、場所と空間をしっかり選択しているのである。

　もし、読者が DV 体験を打ち明けられることがあれば、まずは否定せずに聞いてあげてほしい。そのうえで、専門機関につないでほしい。北海道には、そ

99

れを支える支援機関が存在する。公的機関としては、札幌市に北海道立女性相談支援センターがある。電話相談はもちろん、ホームページからはメールでの相談も可能になっている[3]。しかし、これだけでは広大な面積に点在するDV被害者の相談に応じきることはできない。道内には、札幌、函館、旭川、室蘭、帯広、北見、苫小牧、釧路の8か所に民間シェルターがあり、DV相談をはじめとした女性支援が展開されている[4]。徹底的に無力化されてきた被害者は、自分の話など聞いてもらえるはずがないと思い込んでいる。そのような被害者にとって、話をじっくり聞いてもらえるということは、自分自身の存在をしっかりと認識してもらっていると自覚することができる。それだけでも被害者は、無力感から一歩救われるのだから[5]。

4　暴力の再生産への抵抗

さて、ここまでDVの実相を見てきた。DVは過去のものではなく、現在においても再生産されているといえよう。では、この暴力の再生産を支えているのは何であろうか。その一つは、差別的な日本社会の在り方に起因するように思われる。端的には性差別であるが、それだけにとどまらないようにも思われる。

性差別の観点からみると、顕著なのは男女の賃金格差である。2024年版の男女共同参画白書によれば、2022年の数値において、男性のフルタイム労働者の賃金の中央値を100とした場合、女性のフルタイム労働者の賃金の中央値は、78.7に過ぎないとされている。同様にOECD諸国を比較してみると、女性のフルタイム労働者の賃金の中央値は88.4であるから、日本の男女間賃金格差は国際的にみても大きい。雇用形態別・年齢階級別の所定内給与額でも、男性正社員は年齢とともに給与額は大きく上昇する。これは、昇進に伴う昇給があるからである。男性正社員の月額給与は55〜59歳がピークとなる。これに比して、女性正社員の給与も一定上昇傾向にはあるものの、男性よりも緩やかである。非正規社員になればその傾向はより顕著であり、女性非正規社員の給与はほぼ横ばいで上昇しない。

女性の賃金が上昇しないことは、結婚や妊娠、出産を契機としての退職ある

第 9 章　若者を取り巻く暴力

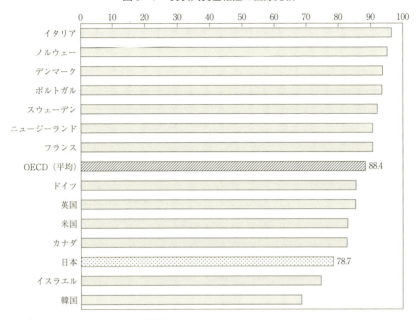

図 9-1　男女間賃金格差の国際比較

備考　1　OECD "OECD.Stat" より作成。
　　　2　ここでの男女間賃金格差とは、フルタイム労働者について男性賃金の中央値を100とした場合の女性賃金の中央値の水準を割合表示した数値。
　　　3　イスラエルは令和 3（2021）年、それ以外の国は令和 4（2022）年の数字。
出所　男女共同参画白書、令和 6 年版全体版（ウェブ版）。

いは産前産後休暇の取得によることが原因として指摘されている。しかし、これは仕方のないことなのだろうか。もちろん、妊娠出産は、生物学上の女性にしかできないことである。だから、産前産後の一定期間はやむを得ない。けれども、その後の育児については女性のみが行うものではない。そのことは、男性の育児休業取得が奨励されていることからも明らかである。けれども、その取得率が伸び悩んでいることは、読者の知るところであろう。男性への育児に対する認識は、若い世代ほど変わってきているといわれる。にもかかわらず、取得率が伸び悩んでいるとすれば、取得のしにくさをもたらしている別の要因があるのではないだろうか。

　その背景の1つが、「男は仕事、女は家事」という性別役割分業論といわれ

第Ⅲ部　日常生活における暴力と平和のつながり

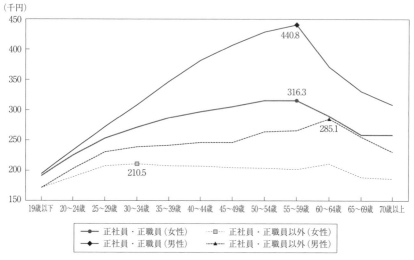

図9-2　所定内給与額（雇用形態別・年齢階級別）2023（令和5）年

備考　厚生労働省「令和5年賃金構造基本統計調査」より作成。
出所　男女共同参画白書、令和6年版、全体版（ウェブ版）[7]。

る考え方である。男だから、あるいは女だからという理由で、それぞれの個性や能力に着目することなく分類化してしまう価値観である。例えば「イクメン」という言葉もそれを表している。一般に、イクメンという言葉は、育児参加に積極的な男性を指して、好意的に用いられている。しかし、「イクウーメン」とか「イクジョ」とは言わない。それは、育児は女性が担うものだという価値観が前提となっているからである。好意的に用いられている言葉であるが、その背後にある価値観を無意識のうちにすり込まれているとは考えられないだろうか[8]。

　読者自身のこれまでを振り返ってみても、あらゆるところで男女による役割分担がすり込まれてきたはずである。男の子はズボン、女の子はスカート。「男の子なんだから泣かないの」と怒られたこと。「おままごとは女の子の遊び」と言われたこと。男の子はかっこよくて、女の子はかわいい。黒のランドセルと赤のランドセル。ケアが必要な幼稚園や保育園、小学校の先生には女性教員が多かったけれど、科目別担任制が導入される中学校以降は急激に男性教

員の割合が増えてきたこと。男女別の制服。現在はかなり少なくなってきているようであるが、男女別名簿による男子優先。学校現場においても、授業や生徒指導の中では男女平等が実践されつつも、制度の中で男女の区別が、「隠れたカリキュラム」として刷り込まれてきたのではないだろうか。

こうした価値観の刷り込みの中で、女性は男性よりも劣った保護の対象として位置づけられ、保護の名の下に服従を強いられてきた。他方、男性は、女性を保護しなければならない強い存在であることを求められ続けてきたということもできる。女性は、育児休業を利用することで、昇進昇給の機会を失い、他方男性はその穴埋めの為に長時間労働を行い、その実績を元に昇進昇給していく。その結果、本当は育児休業を取りたいと思う男性も仕事を選択せざるを得ず、男性の育児休業の取得率は伸び悩む。家庭においても、育児休業における公的な支援が足りないために、家計を維持するために男性が働かざるを得ないということもあろう。

このように、これらの制度の中には、構造的に埋め込まれた差別のしくみが存在している。もちろん、これらの制度が、元々存在していた明らかな差別の解消につながっていることは間違いない。平等な社会形成のために必要な制度でもある。しかし、さらに進んで、その差別が再生産されているしくみになっていないかどうか、「常識」を疑ってみることで、構造的な問題点を認識することができるはずである。

5　貧困も構造的な暴力の１つ

読者の中には、構造的に問題点を認識することで、むしろ絶望してしまう人がいるかもしれない。しかし、現状を正しく認識するという作業なくして、その問題の解決は図り得ない。

また、ジェンダー問題に限らず、若者はさまざまな課題の中に生きている。刑事事件になるような DV は読者にとって遠いものであることが多いだろう。しかし、デート DV はどうだったろうか。これまでの生活の中で積み上げられてきた価値観の中に、自身との共通性はなかっただろうか。あるいは、友人の中にそれをみることはなかっただろうか。

103

第Ⅲ部　日常生活における暴力と平和のつながり

　DVと同じように、貧困もまた構造的な問題としてみいだすことができる。女性の賃金格差を原因として、DVから避難した女性が貧困に陥ることはけっして特異なことではない。近時、若者の求職条件の中には、正規職員も増えてきている。しかし、その条件を見ると、非正規職員の条件がそのまま固定化される形で、形だけ正規職員ということが少なくない。労働契約法の改正により、有期雇用の更新が繰り返されている場合、5年を経過した時点で、無期雇用への転換権が生じるようになった。非正規雇用から正規雇用に転換するように誤解されることもあるがそうではない。5年経過した時点で、無期雇用へ転換するだけで、労働条件が正規雇用のそれと同一に転換する訳ではない。雇用の継続が保証されることは、不安の解消につながることは間違いない。けれども、非正規雇用の労働条件が固定化されることにもつながる。先にみたように、非正規社員の賃金の上昇は抑制されている。それは貧困の固定化につながりかねない。一面において是正である施策が、差別を構造化することになりかねないことは、先にみてきたとおりである。

　ジェンダーの視点は、私たちが当たり前と感じてきた社会や法律、制度について、疑いの目を向けるものでもある。それは、その社会を動かす法律や制度が、男性中心の価値観に基づいて制定され、運用されてきたものではなかったかを問う。ジェンダーの視点は、これまで存在しないものとして扱われ、保護という名で服従を強いられてきたマイノリティに視点を合わせて、社会をみる視点の獲得である。若者という集団もまた、この社会において、軽視されてきた。新たな視点からは、当然新たな課題が突きつけられるし、その解決は容易にみつからない。しかし、この視点の獲得なくして、誰もが尊厳を持つ個人として尊重される社会の形成はありえない。

　平和な家庭も、平和な社会も、自然に生まれてくるものではない。お互いを対等な関係性にあるものと認識しながら、自分の尊厳が保たれるのと同じように、他者の尊厳を保つ関係性を築く努力を怠ることなく継続しなければならない。あなたが生きやすい社会は、私にとっても生きやすい社会であるはずなのだから。

　1)　DV防止法の法改正により、離婚後に引き続き暴力を受けた事案、生活の本拠をとも

にする交際関係にある相手方からの暴力事案についても計上されている。

2) https://www.gender.go.jp/policy/no_violence/date_dv/index.html（2024年10月23日最終確認）

3) https://www.pref.hokkaido.lg.jp/hf/jsc/ （2024年10月23日最終確認）

4) https://www.pref.hokkaido.lg.jp/hf/kms/189608.html （2024年10月23日最終確認）

5) なお、DV被害を受けている男性専用の電話相談もある。011-661-3210【月～金9：00～17：00（祝日・年末年始を除く）】。https://www.pref.hokkaido.lg.jp/hf/kms/soudan_dvcenter.html（2024年10月23日最終確認）

6) https://www.gender.go.jp/about_danjo/whitepaper/r06/zentai/html/zuhyo/zuhyo02-03.html（2025年1月7日最終確認）

7) https://www.gender.go.jp/about_danjo/whitepaper/r06/zentai/html/zuhyo/zuhyo02-05.html（2025年1月7日最終確認）

8) なお、「イクメン」が、男性が家族の養い手であるという旧来の役割分担から自由になっているわけではないことにも注意が必要である。

〔参考文献〕

三成美保・笹沼朋子・立石直子・谷田川知恵、2019、『ジェンダー法学入門〔第3版〕』法律文化社

上野千鶴子、2024、『こんな世の中に誰がした？　ごめんなさいと言わなくてもすむ社会を手渡すために』光文社

平山亮、2017、『介護する息子たち：男性性の死角とケアのジェンダー分析』勁草書房

【池田賢太】

第10章　生活保護の課題と自立支援
―― 「釧路モデル」を事例として

1　生活保護制度の役割と目的

　現代の資本主義国家で整備される社会保障制度は、防貧（貧困の予防）を目的とする社会保険制度と、救貧（貧困者の救護）を目的とする公的扶助制度の2つを柱とする。傷病や高齢によるリタイヤなど、何らかの事情で就労不可の状態の者が現れた場合、まずは社会保険制度でカバーし、その恩恵を受けられない者は公的扶助制度でカバーするという制度体系が整えられている。

　日本の場合、公的扶助制度の中核を担っているのが生活保護制度である。根拠法である現行の「生活保護法」（1950年制定）に謳われるように、同法は「日本国憲法第25条に規定される理念に基づき」（1条）制定されている。憲法25条は、基本的人権の類型の1つである社会権の中で、最も根本的な権利とされる生存権の保障に関する規定である。同条1項は「健康で文化的な最低限度の生活」を、すべての国民に対し、国家の責任のもと、平等に保障することを謳う。逆にいえば、誰もが、国の想定する最低生活基準を下回る貧困状態に陥ることになれば、生活保護制度の利用が可能であると、憲法が保障している。

　生存権保障という憲法理念の具体化である生活保護制度は、以下の2つの目的を掲げる。「最低生活保障」と「自立の助長」である。貧困状態に陥った者を救済するために、一定の基準に基づき保護金品を付与することによって、「健康で文化的な」水準をクリアしうる最低限度の生活保障を行うとともに、自立に向けて再起するための援助を行う。これが現行の生活保護制度の趣旨である。

　生活保護に関する事務・事業を遂行するのは「保護の実施機関」であり、自治体設置の現業機関、いわゆる「福祉事務所」がその任にあたることとされている。「社会福祉法」（1951年制定）によって組織や配置職種を規定される福祉

事務所には、担当世帯の保護費の計算や相談・支援業務などを担う「現業員」（ケースワーカー：CW）や、CW を統括して指導や教育などを行う「査察指導員」（スーパーバイザー：SV）が配置される。

ところで、「自立の助長」に関する支援の方法が本格的に具体化されたのは、生活保護法制定から50年を経た2000年代に入ってからのことである。この間、特に就労可能な保護受給者に対する自立支援として一般化していたのは、対象者の心身の状態がどうあれ、一般就労の実現によって可能な限り速やかに保護から脱けてもらうことを、一律に進めていく手法であった。こうした従来型の支援への反省にも立ちながら、保護受給者対象の自立支援の方法として新たに構想・導入されたのが「自立支援プログラム」であり、2005年４月から導入されている。

2　自立支援プログラムの構想・導入の背景

自立支援プログラムの導入が2000年代半ばというタイミングになった背景には、1990年半ば頃から議論されてきた国内の制度改革の進展と、同じ時期に EU から貧困に関する新たな概念が伝わってきたことの影響がある。このうち国内の制度改革としては、以下の２つが重要である。

第１は、「第一次地方分権改革」（2000年４月）の一環で実施された生活保護法の改正により、「自立の助長」について保護の実施機関（自治体の福祉事務所）の果たす役割の明確化が図られたことである。

第２は、「社会福祉基礎構造改革」の一環で行われた社会福祉法の2000年６月改正により、「福祉サービスの基本的理念」を再定義する中で「自立」の捉え方も再定義されたことである。

一方、EU から伝わった新たな概念とは、「社会的排除（social exclusion）」と「社会的包摂（social inclusion）」である。社会的排除という概念は、個人が貧困状態に至るプロセスに着目することを促す。社会には、個々人の責任や失業などの経済的要因だけでは説明しえない貧困の原因、例えば、片親などの家族の欠如、地域での良好な人間関係の欠如、教育も含む公共サービスの供給対象からの除外、社会的に差別を受ける集団への所属など、社会の側に責任がある貧

第Ⅲ部　日常生活における暴力と平和のつながり

困の原因が他分野にわたって広く存在するという社会認識のもと、市民社会の構成員であれば一般的には享受できるはずの利益が欠如する状態を社会的排除と総称し、その積み重ねや複合が貧困状態を形成するとした。あわせて、貧困状態にある各個人が辿ってきた社会的排除のプロセスは千差万別であり、経済的貧困では捉え尽くせない貧困の形の多様性を指摘してもいる。

　そのうえで、社会的排除の視点から捉え直された貧困を解決し、自立を促していくにあたっては、貧困状態の救済のために金品の給付などを実施するというだけでは不十分であることになり、貧困状態を形成する排除の要素を解明し、1つずつ解決していくことが求められる。こうしたアプローチを社会的包摂という。その視点に立つ貧困者への支援は、包括的かつ個別事情に即した対応が求められることになり、一般就労の実現をめざす就労支援だけでなく、より広範な日常生活上・社会生活上の諸支援の実施も求められるようになる。[1]

3　自立支援プログラムの特徴

　自立支援プログラムの導入を提言したのは、2004年12月に策定・公表された『社会保障審議会福祉部会生活保護制度の在り方に関する専門委員会報告書』である。その前段、厚生省（当時）設置の有識者会議により2000年12月に策定・公表された『「社会的な援護を要する人々に対する社会福祉のあり方に関する検討会」報告書』では、「今日的な『つながり』の再構築を図り、全ての人々を孤独や孤立、排除や摩擦から援護し、健康で文化的な生活の実現につなげるよう、社会の構成員として包み支え合う（ソーシャル・インクルージョン）ための社会福祉を模索する必要がある」とした上で、生活保護制度の検証の必要性が提言されていた。そこには自立支援機能の検証も含まれ、後続の上記専門委員会での議論に一定の方向性を与えたとみられる。

　こうした過程を経て設計された自立支援プログラムは、同専門委員会報告書により、以下のような特性を有することを求められた。

　　●2000年6月改正を経た社会福祉法3条の理念に拠っていること。これにより、保護受給者は、「その有する能力に応じて自立した日常生活を営むことができるように支援するもの」と再定義された福祉サービス（自立支援）の対象になるものと確認された。

第10章　生活保護の課題と自立支援

●貧困は経済的な要因（失業など）のみにとどまらない多元性（複雑性）、当事者ごとに異なる個別性を持つとの認識に立ち、その解決に向けて有効な支援を実施するため、プログラムの策定にあたっては、経済的自立支援（就労自立支援）に偏重せず、日常生活自立支援および社会生活自立支援と合わせた３分野を、並列的に、かつ相互に関連するものとして幅広く整備することとされた。

●自治体がそれぞれの地域の実情（保護世帯の特徴・傾向、事業実施上協力しうる行政機関や民間団体などの地域資源の現状）に応じて、自らの地域に必要と判断されるプログラムを用意することとされた。

社会福祉法2000年６月改正は、福祉分野における自立および自立支援のあり方を再定義し、生活保護法2000年改正は、「自立の助長」に対する自治体の役割を明確化し、「社会的排除」と「社会的包摂」の概念の受容は、貧困の捉え方を転換し、貧困者対象の自立支援のあり方に抜本的な見直しを求めることになった。自立支援プログラムの設計思想には、こうした諸々の要素が広く反映されていると考える。

4　自立支援プログラムの先進自治体・釧路市の実践

自立支援プログラムの先進自治体の１つとして注目されるのが、北海道釧路市である。同市は2004～05年度にモデル事業に携わった後、2006年度から関係プログラムを本格稼働させている。

釧路市の自立支援プログラムに関する事業体系は「釧路モデル」と呼ばれ、その全体的な概念図である「釧路市生活保護自立支援プログラム全体概況」は「釧路の三角形」（図10-1）の通称で広く知られる。以下、釧路モデルの特徴について概説する。

1　モデル事業での経験からの学び

被保護母子世帯対象の自立支援モデル事業に携わった経験から、釧路市は主に以下のような知見を得られたという。すなわち、自立を実現していくにあたっては、エンパワメント（自尊心や自信の回復）の視点が重要であること、労働の場への参加には、有償・無償にかかわらず、日常生活のリズムの安定化、社会とのつながりの回復、自尊心や社会参加意欲の回復・向上など、多様な効

第Ⅲ部　日常生活における暴力と平和のつながり

図10-1　釧路市生活保護自立支援プログラム全体概況（2024年4月現在）

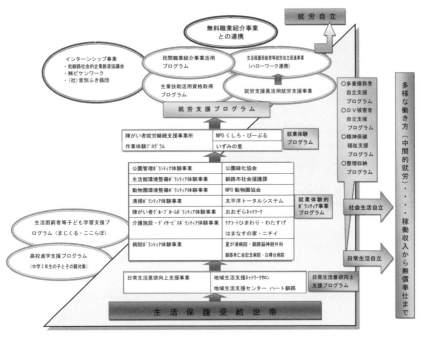

出所　釧路市福祉部社会援護課提供。

果を期待できること、などである。

　モデル事業で得られた知見や経験は、本格実施後のプログラム策定・実施、自立支援3分野の間の関係についても思考を巡らせる土台となっており、その後の釧路市の考え方や取り組みに重要な影響を及ぼしたとされる。

2　プログラムの区分

　釧路モデルの全体概況「釧路の三角形」を見ると、多くの個別プログラムが一定の基準に基づいて配置されていることが伺える。大きくは以下の5つのグループに区分され、それぞれの狙いが設定されている。

● 就労支援プログラム：就労意欲の高い者を対象に、早期の一般就労をめざすもの。
● 就労体験的ボランティアプログラム：無賃のボランティアによる作業を体験することを通じて、社会参加や勤労意欲の形成を促すことを目的とする。

第10章　生活保護の課題と自立支援

●日常生活意欲向上支援プログラム：日常生活で孤立しがちな世帯を対象に、他の世帯との交流や軽作業を通じて、日常生活や社会生活の意欲を向上させることを目的とする。
●就業体験プログラム：就業体験を通じて、就労に対する意識の啓発や自身の回復を図ることをめざす。
●その他のプログラム：多重債務者や DV 被害者のための支援プログラム、成年後見制度の活用プログラム、生活困窮世帯（保護世帯を含む）の子どもを対象とした学習支援など。

プログラムの実施体制上の特徴は、そのほとんどが公的機関や民間事業者との協力・連携によって実施されていることにある。

3　釧路モデルの2つの側面

釧路モデルの特徴を捉えるためには、以下の2つの側面があることを理解しておく必要がある。

第1の側面は、図右上の「就労自立」、すなわち、一般就労による保護廃止をゴールとするステップアップ型の支援である。三角形の斜辺を左下から右上のゴールに上っていくイメージである。この側面においては、支援対象者によってそれぞれ異なる心身の状態を見極め、すぐに一般就労が可能と判断される者には就労支援の諸プログラムに基づく支援を実施する。その一方で、一般就労を実現するには、先に日常生活上・社会生活上の準備や訓練が必要と判断される者には、一般就労を急がず、まず心身の健康や日常生活の規律の回復、ボランティア参加による就労適正の向上や社会参加意欲の回復などを図ってから段階的に一般就労の実現をめざしていく流れになる。

第2の側面は、三角形の右側に位置する「多様な働き方」という表記にかかわる。すなわち、人によっては、「保護を受けながらの可能な範囲での就労」、いわば「半就労半福祉」の状態の実現なども、自立支援プログラムへの参加を通じて辿り着きうる多様なゴールの1つとして積極的に位置づけているということである。

この「多様な働き方」に関係して釧路市では、2012年度以降、「一般社団法人釧路社会的企業創造協議会」に事業委託する形で、「仕事の創出」を継続的に進めてきている。この事業を通じて創出された仕事のうち最も広く知られて

第Ⅲ部　日常生活における暴力と平和のつながり

いるのが「漁網の整網作業」であり、現状では保護受給者などをここに受け入れ、保護を受けながらも整網作業への従事で一定の収入を得るという自立のあり方を支えている。創出される仕事の拡大への努力はいまも続けられている。

4　釧路モデルの2つの側面を支える概念

　これら釧路モデルの二面性を両立させる上で重要な役割を果たしていると思われる概念が以下の2つである。これらが「釧路モデル」の要諦であると筆者は考えている。

　第1の概念は「中間的就労」である。釧路市の実践においては、中間的就労には以下の2つの機能がある。

　1つは、「釧路の三角形」の内側、「ボランティア」として実施される就労・就業体験を通じて、一般就労に向けた就労意欲の向上、心身の健康の回復・向上、日々の生活リズムの確立・安定化、社会参加意欲の回復・向上などを担い、一般就労の実現に向けたステップアップを支える機能である。そのうえで、就労・就職先を決定していく段階では、ハローワークとの連携や、市などによる無料職業紹介事業との連携が行われる。

　もう1つは、同図の右端に記載される「多様な働き方」にかかわって、一般就労ではなく半就労半福祉をゴールとする保護受給者の受け入れ先としての機能である。多様な働き方とは、前出の漁網の整網作業など、釧路社会的企業創造協議会が創出する仕事への従事が一例である。多様な働き方は、市関係者によれば、「中間的就労自立」という言い換えもされているという。

　第2の概念は「社会的居場所」である。「釧路モデル」の稼働当初はNPO法人と連携した「コミュニティハウス」での無料勉強会の取り組みが注目されていた。近年は前出の漁網の整網作業などの場が社会的居場所としての機能を持ちながら運営されているという。すなわち、ステップアップ型一般就労支援の側面でいえば、仕事への継続的な取り組みを通じた就労意欲の回復などの効果が観測される一方、多様な働き方（中間的就労自立）の側面でも、かつては無収入であった保護受給者の一定数が所得を得られるようになったという効果が表れている。自治体が仕事を創出し、保護受給者がその作業に従事する場を社会的居場所として運用することで、「一般就労へ一律に追い立てるでもなく、

単なる居場所の提供にとどまるでもない²⁾」、多様な機能を持った場が形成されてきている。

釧路モデルの本質は、保護状態から一足飛びに就労自立に結びつけ、短絡的な保護廃止という成果の獲得をめざすものではない。各被保護者の心身の状態や職業適性を見ながら、本人の希望や必要に応じて日常生活や社会生活の面での支援も合わせて実施し、各被保護者に相応しい自立へのプロセスを模索していく、という点に重きが置かれていると解される。自立支援を進めるにあたっては、まずは何より、保護受給者本人の心身の現状を理解し、自立への意思や希望をともに見定めながら、そのうえで必要かつ適切な支援を実施していくことが大切であると、釧路市の実践は教えてくれる。

5　誰もが自立と尊厳を確保される地域づくりへ

2015年4月施行の生活困窮者自立支援制度は、支援対象を生活困窮者、すなわち、現状で生活保護は受給していないが困窮状態にある者にも拡大したことに、その制定の意義の1つがある。生活困窮者自立支援制度の構想にあたっては、自立支援プログラムがモデルの1つになっている。同制度の導入は、自立支援プログラムで採用された3分野による包括的かつ個別事情への対応が可能な自立支援が、生活保護の受給の有無にかかわらず、誰もが利用可能になったことを意味する。

生活困窮者自立支援制度の根拠法である「生活困窮者自立支援法」(2013年制定)は施行当初、基本理念を欠いていたが、2018年改正を経て、「生活困窮者に対する自立の支援は、生活困窮者の尊厳の保持を図りつつ、生活困窮者の就労の状況、心身の状況、地域社会からの孤立の状況その他の状況に応じて、包括的かつ早期に行われなければならない」(2条1項)と明記するに至った。

この条文の明記に至る過程で、有識者会議の報告書『生活困窮者自立支援のあり方に関する論点整理』(2017年3月)に以下のような記述があった。

「生活困窮者の自立と尊厳の確保」と「生活困窮者自立支援を通じた地域づくり」については、法の施行における不変の目標として掲げ続けなければならない。この2つは、社会的孤立や生きづらさも含めすべての相談を断らず包括的に支援することを

113

第Ⅲ部　日常生活における暴力と平和のつながり

通じて、地域でもう一度主体的な自立生活を目指すに当たり、欠くことのできないものである。生活困窮者自立支援に関わる人は、支援の展開により、自治体の中の他の部局や、社会全体に対して「生活困窮者の尊厳」と「包括的相談支援体制とは何か」を問いかけ、さらに、生活困窮者自立支援が地域づくりにつながることをしっかりと広めていくことができるのではないか。（同書5－6頁）

　上の引用文から、自治体は、生きることに何らかの困難を抱える人たちを地域の一員として分け隔てなく受け入れ、その生を支えること、あわせて、そうした支援の体制を構築することをも1つの軸としながら、自らの地域づくりを進めていくことを求められていることが読み取れる。

　今後、保護受給者および生活困窮者も含め、地域においてすべての個人の自立と尊厳が確保されるとともに、ソーシャル・インクルージョンの視点に立った地域づくりが自治体でさらに広く深く取り組まれていくことが望まれる。

1)　本節の社会的排除・社会的包摂に関する記述は、岩田正美、2008、20-32頁を参照した。
2)　櫛部武俊・正木浩司、2023、8頁。櫛部氏は元釧路市職員であり、釧路モデルの礎を築いたとされる人物である。市役所退職後、現在は一般社団法人釧路社会的企業創造協議会（第4節で言及）の代表理事の任にあり、釧路モデルの運用にかかわり続けている。

〔参考文献〕
岩田正美、2008、『社会的排除 参加の欠如・不確かな帰属』有斐閣
櫛部武俊・正木浩司、2023、「インタビュー 釧路モデルから考える生活困窮者自立支援制度の課題と展望」、『北海道自治研究』第652号所収2－12頁、公益社団法人北海道地方自治研究所
釧路市福祉部生活福祉事務所編集委員会編、2009、『希望をもって生きる―生活保護の常識を覆す釧路チャレンジ』CLC
釧路市福祉部生活福祉事務所編集委員会編、2016、『希望をもって生きる―自立支援プログラムから生活困窮者支援へ釧路チャレンジ〔第2版〕』CLC

【正木浩司】

第11章　北海道の暮らしと外国籍の住民

1　労働力として求められる外国人

　日本では、少子化および高齢社会化が非常に急速に進んでおり、労働力人口の減少を補うために1980年代後半からさまざまな形で外国人の労働力に依存してきた。国勢調査や北海道の労働力調査からは、北海道の労働力人口も2001年の約289万人をピークとして減少し続けていることが報告されており、特に15歳から29歳までの若年層で進学や就職を目的とした首都圏への流出傾向がある。北海道における日本人住民数の減少は、住民基本台帳の統計結果（表11-1）からも明らかであると同時に外国人の人口が急激に増加し続けていることも示されており、ここから外国人が定着し労働力不足を埋めてきたこと、そして今後一層、外国人労働力への期待が高まるであろうことが推察される。

　日本に中長期（3か月以上）在留する外国人数は、法務省の統計によると2005年に200万人を超え、2023年末には341万人（総人口の2.6%）に達した。北海道における割合は約1%であるものの、10年間に倍増以上の急激な進展をしていることから見ても、北海道の現状と展望を考える上で、外国籍の住民の状況を知る必要がある。

　以下では、まず日本および北海道に定着するに至った人々の出自や背景について時代を追いながら概観し、次いで現在

表11-1　北海道における日本人と外国人の住民数

	日本人住民数	外国人住民数
2014年	5,441,079	21,966
2015年	5,408,756	22,902
2016年	5,376,211	24,999
2017年	5,342,618	28,189
2018年	5,307,813	31,726
2019年	5,268,352	36,061
2020年	5,226,066	41,696
2021年	5,190,638	38,094
2022年	5,148,060	35,627
2023年	5,095,703	44,210
2024年	5,039,100	54,883

出所　住民基本台帳人口より筆者作成

第Ⅲ部　日常生活における暴力と平和のつながり

の北海道に在留する外国籍の住民について考えたい。

2　移住労働者の受け入れと定着

　日本では、1980年代後半から1990年代にかけての、いわゆるバブル経済期に労働者不足への対応として移住労働者の受け入れが進み、1959年に60万人であった在留外国人数は1984年に84万人、1994年には135万人に達し、2005年に200万人台を超え、2023年末には341万992人となった。入管法（出入国管理及び難民認定法）により日本への上陸が認められた外国人には、いずれかの在留資格（一般的には「ビザ」と呼ぶことも多い）が与えられ、日本で行うことができる活動と期間が指定される。1990年代以降の入管法改正によって日系人に就労制限のない在留を認めたり、後述の研修・技能実習・特定技能制度が導入されたりしたことにより、非熟練労働者たる外国人就労者が増加した。まず日系人は、製造業などに組織的に雇用された者が多く集住し、家族を呼び寄せ、20万人が永住型移民として定着した。技能実習制度は、非専門的・非技術的分野の技能を日本で習得した後に、本国の発展に寄与できる人材を育成することによる国際貢献を目的に開始された。農業、漁業、建設や食品製造などの全90職種について、その技能と日本語のレベルに応じた1号から3号までの段階で通算5年までの就労が認められる。2019年から受け入れが始まった特定技能制度は、労働者不足が著しい介護、建設、宿泊、農業、漁業、飲食料品製造業などの特定産業分野について即戦力となりうる、一定以上のスキルを有する移住労働者を対象としており、1号は通算で5年まで、2号への変更が認められれば期限の定めがない就労が可能となる。いずれの制度も主としてアジア諸国を対象とした二カ国間取り決めに基づいて受け入れを進めており、2023年末には技能実習の在留資格者は32万4920人、特定技能は13万923人に達し、いずれも最多のベトナムをはじめとしてインドネシアそしてフィリピンの3国の出身者で、ほぼ8割を占めている。

　なお、技能実習制度の当初の設置目的と就労の実態が乖離してきたため、技能実習制度を廃止し、育成就労制度に発展（2024年6月から3年以内に開始予定）することが決められた。育成就労制度では各労働者が入国前に一定の日本語能

力を有し、入国後、速やかに就労可能であることを前提としている。本制度では技能実習制度より長く、原則3年間就労することが可能であり、育成労働期間の終了後には特定技能制度に変更し、長期的な在留・就労につなげることを想定している。

　留学を目的として在留し、その学費・生活費の補助のためにアルバイトをする者も多い。1980年代から改革開放政策に転じた中国を筆頭としてアジア諸国からの留学生が急増し、2023年末の留学の在留資格者数は34万人である。現行の入管法では、高等学校や大学だけでなく、専修学校、各種学校などで学ぶ外国人に対しても留学の在留資格を与えており、在学中から専攻分野に関連する実務経験を積んだり、勉学終了後に日本の企業などに就職したりして日本社会に定着する者も多い。2022年には、留学から日本での就職を目的とした在留資格への変更が許可された者は3万3415人、このうち中国（1万182人）、ベトナム（8406人）およびネパール（5769人）の3国で73.0%を占める。

　労働力不足は、いつの時代でも、どこでも生じ、国内外からの移住労働者によって補われてきた。農閑期の出稼ぎや現在ならばリゾートバイトに典型的に見られる環流型移住労働は、国家の領域や国籍の定義はさておき、国家内でも国際的にも行われてきた。人の移動は、その折々の情勢や当事者の希望・能力にもかかわるもので、一時的な出稼ぎの予定が永住に転じる場合も往々にしてある。入管法には、永住を目的とする「移民」としての入国を認める制度はない。しかし前述のように、中長期の就労を前提とした外国人の移住労働者の受け入れが非常に早いスピードで進められている。さらに2012年から導入された高度人材の在留資格においては、学術研究活動や技術活動の上で高度な専門性を有すると認められる者に、高度外国人材として在留期間や活動上の優遇措置を与えるなど、さまざまな分野・レベルでの外国人材が求められている。

3　人の移動と北海道

　日本は、北海道や琉球（現在の沖縄県）を事実上の植民地として支配し、台湾および朝鮮を植民地として併合し、また満州を傀儡国家として統治した。その支配が続く間に相互に人々が移動し、その中には現在の日本の領域に強制的

第Ⅲ部　日常生活における暴力と平和のつながり

に連行され、労働を強いられた者も含まれている。1945年の敗戦により支配が
終了した後、1947年5月2日に公布・施行された「外国人登録令」により、日
本に滞在していた朝鮮人のすべて、および台湾人（ただし、内務大臣が定める者）
は、日本国籍を有しながらも外国人とみなされることになった。実際に朝鮮半
島や台湾の人々が、日本に在留していた人々も含めて国籍を喪失したのは、
1952年4月28日のサンフランシスコ平和条約の発効と同時である。これは、同
年4月19日に発せられた法務府民事局長通達「平和条約に伴う朝鮮人台湾人等
に関する国籍及び戸籍事務の処理について」に基づくものであった。

　その後の登録外国人統計によると、1959年末に北海道に在留していた外国人
のうち、最も人数が多かったのは朝鮮人で7041人、次いで中国人507人（この
うち台湾出身者143人）であった。特別永住者の在留資格で在留や就労上の特例
措置の対象になっており、2023年末の時点で北海道に在留する特別永住者は
2774人である（8人が中国、2人が台湾、2301人が韓国、458人が朝鮮の国籍）。技能
実習制度などに基づく昨今の就労者数の急増に意識を向けがちになるが、移住
労働者と外国籍の住民について考えるうえで、特別永住者にかかわる歴史的な
経緯を、まず念頭に置くべきであり、徴用工問題（戦前に日本企業により強制連
行され、強制労働に従事させられた韓国人の日本企業に対する損害賠償請求をめぐる問
題）をはじめとする未解決の問題も多いことを忘れてはならない。

　高度経済成長期からバブル経済期を経て、グローバルな人の移動が盛んにな
り、1980年代から90年代にかけて留学や就労可能な在留資格を得た中国、韓
国、台湾、フィリピンなどのアジア諸国の出身者や、南米の日系人が定着し
た。2000年代以降は技能実習や特定技能制度に基づいてベトナム、ネパール、
インドネシアなどのアジア諸国出身者が増えている。法務省の公表数値（在留
外国人統計）によると、2023年末に日本に在留していた外国人は341万992人で
あり、上位10か国は①中国（82.1万人）、②ベトナム（56.5万人）、③韓国（41万
人）、④フィリピン（32.2万人）、⑤ブラジル（21.1万人）、⑥ネパール（17.6万
人）、⑦インドネシア（14.9万人）、⑧ミャンマー（8.6万人）、⑨台湾（6.4万
人）、および⑩アメリカ（6.3万人）であり、特に2019年末に始まったコロナ禍
以降に技能実習・特定技能制度で就労するベトナム、インドネシア、ミャン
マー、スリランカ、カンボジアなどのアジア諸国出身者数の増加が著しくなっ

ている。

　これに対して北海道では、同時期の在留外国人数5万6485人中、①ベトナム（1万2313人）、②中国（9755人）、③インドネシア（5555人）、④韓国（4357人）、⑤フィリピン（2987人）、⑥ミャンマー（2830人）、⑦ネパール（2152人）、⑧台湾（1670人）、⑨アメリカ（1504人）、⑩インド（1403人）の順で在留者数が多い。ベトナム人は技能実習（7210人）および特定技能（3161人）制度により在留する者がコロナ禍において急激に増加した。全国規模での在留ベトナム人数は2012年から2023年の間に10倍以上に増加し、その半数以上が技能実習および特定技能制度で在留するものの、専門職に従事する労働者、永住者や帯同された親族も多く、定住傾向が強いといえる。これに対して北海道に在留するベトナム人の大多数が、通常単身での在留および就労が認められる技能実習および特定技能での在留者であるところに特徴がある。また、全国的な統計ではいまでも最多の中国出身者は、北海道においては第2位で、留学（2358人）や専門的技能により就労する者は引き続き目立つものの、技能実習（1218人）および特定技能（792人）の在留資格を有する人数と割合はコロナ禍を境に減少した。全国で第5位のブラジルおよび第14位のペルーに代表される日系人は、1990年代に中部圏や関東を中心として急激に定着および集住が進み、全国に26万人以上が在留するにもかかわらず、北海道には非常に少ない（ブラジル人177人）。これに対してインドネシア（技能実習2111人、特定技能2468人）、フィリピン（技能実習807人、特定技能549人）、ミャンマー（技能実習1441人、特定技能730人）、ネパール（技能実習130人、特定技能235人）、さらに第11位のタイ（1390人中、技能実習505人、特定技能166人）などは、技能実習および特定技能制度に基づいて北海道内で在留するに至った者が多いといえる。

　この他に北海道の在留外国人の特徴として、学校関係、永住者、日本人との親族関係に基づく在留資格を有する者が多いという点がある。高等教育機関で教える教授（284人）および留学（4868人）の割合が、全国の在留外国人数における数値より高い（ただし、中学・高等学校や各種学校での教育にあたる教育の在留資格者数割合は全国より低い）。永住者（6269人）および日本人の配偶者等（1998人）の在留資格を有する外国人の詳細は、統計からは明らかでないが、長期の留学、卒業後の日本での就職や日本人との婚姻などにより長期在留し定着する

第Ⅲ部　日常生活における暴力と平和のつながり

に至った者たちであると考えられる。

　北海道の「外国人技能実習制度に係る受入状況調査」によると、北海道では
コロナ禍にもベトナム人の技能実習生を受け入れ続け、今後、さらに受け入れ
拡大が望まれる諸国としてインドネシア、ベトナム、ミャンマーおよびフィリ
ピンが挙げられている。全国的にインドネシア人の増加率は高いが、すでに北
海道での定着は進んでおり、在留外国人統計によると技能実習と特定技能第1
号の在留資格で4500人が介護、農業、漁業などに従事している。なお、介護職
は、日本に在留するに至るルートと当事者のスキルにより、①介護、②二カ国
間の協定に基づく特定活動（EPA）、③技能実習、および④特定技能に分類さ
れる。日本の介護福祉士養成校で留学生として学び、原則としてその資格を取
得し、日本語能力の試験にも合格した者に介護の在留資格が認められ、北海道
にはベトナム人およびインドネシア人を中心とした93人が在留する。EPA（経
済連携協定）は、看護師および介護福祉士候補者をインドネシア、フィリピン
およびベトナムから受け入れる制度で、日本で国家資格取得のための研修を受
けながら介護施設などで就労する制度である。さらに技能実習には国家資格が
求められず、介護施設などでの実習・就労をする期間には制限がある。北海道
は高齢社会化が進行し、さらに若年女性労働人口の道外流出傾向が高いことか
ら、介護職の需要が非常に高い。

　北海道労働局が公表する「外国人雇用状況の届出状況（令和5年10月末）」に
よると、労働局に届け出られている移住労働者数は3万5439人で、6902か所の
事業所で外国人が雇用されている。その32.6％にあたる1万1565人をベトナ
ム人が占め、次いで中国5689人、インドネシア4627人である。製造業が9643人
（27.2％）、農業・林業が5120人、建設業が3790人、卸売業・小売業が2761人、
宿泊業・飲食サービス業が2954人、その他が1万1171人である。北海道で特定
技能制度に基づき就労する移住労働者には、介護、建設、電気電子、農業、漁
業および飲食料品製造へ集中する傾向が目立ち、北海道内での高齢社会化への
対応と、農業・飲食料品製造・加工業での大きな需要が確認できる。ポス
ト・コロナ期の急激な観光産業の拡大で、宿泊業における労働力不足も深刻で
ある。ただし、宿泊業や自動車整備業は、留学生として専門学校などで学び、
その期間もアルバイトとして正規労働者の補佐的に就労し、学業の終了後に在

第11章　北海道の暮らしと外国籍の住民

留資格を変更して日本で就職する者も多いと考えられる。在留資格別人数の統計でも確認できるように、道内には外国籍の教育関係者および学生が少なくない。北海道庁の統計によると、留学生が在籍する大学は道内に30校、短期大学や高等専門学校などが40校以上、日本語教育機関も11校あり、学校数が特に専修学校について増加し、これに伴って専修学校の留学生数も増加している。看護、介護、調理、自動車整備、ホテル・ブライダルなどの職業に必要な能力を養成することを目的とする専修学校で現在学ぶ留学生は、特定技能制度で同様の産業で就労する者より専門的かつ高度なスキルを有し、日本人の労働者との協働が進むであろう。

　これまで述べてきたように、北海道での労働力不足は深刻で、技能実習・特定技能・育成就労制度に基づいて必要性の高い産業分野に外国人材の移入を進めることは必須であるが、同時に、日本人労働力の北海道からの流出と同じ問題が移住労働者についても立ちはだかることになる。すなわち、日本人の若年者が、進学や就職のため北海道を離れる理由として、教育・仕事の選択肢が限られること、農業などの作業の負担の重さ、気候、賃金、交通の利便性と長距離移動の必要から生じる孤立、そして特に女性については正規雇用率の低さや多様な働き方の選択肢の少なさなどがある。技能実習生の失踪原因としても同様に孤立・買い物などの生活上の不便さ、気候、賃金の安さが多く挙げられる（独立行政法人国際協力機構〔JICA〕・アイ・シー・ネット株式会社、2020、「北海道における外国人材の現状・課題等に関する調査報告書」）。したがって、育成就労制度で認められる予定の転籍許可制度により、外国人材の本州などへの流出を食い止めるための手段を十分に講じる必要がある。

4　住民のグローバル化

　いわゆる国際結婚などにより、日本人と外国人が家族となり子どもが生まれる場合、日本の国籍法は日本人親が父であるか母であるかを問わず、子は出生時から日本国籍を取得する（国籍法2条1号）。日本人と外国人との国際結婚家族から生まれた子どもについて、外国人親の本国法が血統に基づく国籍取得を認める場合には、この子は複数国籍（重国籍）を持つことになるが、内外の複

数国籍者は日本法上、日本人として扱われる（法の適用に関する通則法38条１項ただし書き）。表11-2は、北海道に住民登録をしている世帯のうち、日本人のみで構成される世帯、外国人のみで構成される世帯と、世帯の構成員が複数の国籍を持つ者に分かれる世帯の数を示している。複数国籍世帯とは、おそらく国際結婚家族であると考えられ、その世帯に属する未成年者は複数国籍者である可能性が高い。今後、家族の呼び寄せを認める在留資格を有する外国人住民の増加に伴って、外国人のみで構成される世帯が増え、若年労働力の世帯の増加に伴って、日本生まれの外国籍子女も増加する。

　1990年代に大規模に日系人を採用した製造業者が集まる愛知県では、日系人が集住する公営住宅で日系人と地元住民とのミス・コミュニケーションや、公立学校に通学する外国籍児童の学習支援が問題になった。同様の事態が、すでに北海道内でも生じていて、人口１万1000人の浦河町において、技能の在留資格（専門職である技能の中でも５号は動物の調教などに関して認められる）で日高地方の競走馬育成関連に従事するインド人が、2014人には０人だったが、2024年７月末には352人在留し、小学校の学級通信のヒンディー語への翻訳、英語を

表11-2　北海道における日本人世帯、複数国籍世帯

	日本人世帯	複数国籍世帯	外国人世帯
2014年	2,709,054	4,671	13,658
2015年	2,718,933	4,785	14,454
2016年	2,730,079	4,827	16,376
2017年	2,737,588	5,014	19,224
2018年	2,745,228	5,112	22,505
2019年	2,749,630	5,286	26,420
2020年	2,753,278	5,414	31,594
2021年	2,762,076	5,519	27,976
2022年	2,765,434	5,645	25,457
2023年	2,765,194	5,845	33,242
2024年	2,760,574	5,977	43,277

出所　住民基本台帳人口より筆者作成

第11章　北海道の暮らしと外国籍の住民

解せず女性のみでの外出を避ける文化があるインド人主婦の日常生活支援、日本人住民との交流会の企画などの支援を、町の非常勤職員であるヒンディー語話者が中心となって行っていると報道されている（例えば、NHK北海道2024年8月16日ニュース）。来日前における日本語習熟が要件とされていなかった技能実習と異なり、特定技能および育成就労制度では日本語能力試験への合格が要件とされる。しかし労働者自身への対応はいうまでもなく、移住労働者同士の婚姻や親族の帯同が増加するにつれて、子どもたちの教育や親族の日常生活にも配慮が必要となる。さらに、外国人同士の家庭における夫婦や親子間の法律的な問題（離婚や親権の争いなど）には、日本法のシステムでは当事者の本国法が適用されることが多いため、紛争解決のために外国法を調査し適用する必要も生じる。住民として定着していく外国籍の者との共存・協働のためには、日本人と等しい権利保護が、労働者だけではなく、その家族についても認められるよう図らねばならない。「国民健康保険」などを国籍にかかわらず広く日本国内の住民のための制度として名称と実を拡充し、外国人住民を日本の社会保障システムに組み込む必要もある。また、国際結婚から出生した複数国籍者や海外育ち、あるいは日本国籍を新たに取得した者のようなグローバルな日本人も増加していることを念頭に置き、日本社会のグローバル化と多様性を見据えた対応を続ける必要がある。

〔参考文献〕

「お隣は外国人」編集委員会編、2022、『お隣は外国人　北海道で働く、暮らす』北海道新聞社

黒丸、2021-2024、『東京サラダボウル—国際捜査事件簿—』全5巻、講談社
　＊オンライン書店でデジタル版の試し読み、購入も可能です。
　また、2025年にはNHKでドラマ化されました。

【伊藤弘子】

第12章　大学は軍事とどのように向き合うべきか

1　教育の目的と平和

「平和の対義語は？」と聞かれて、人々がまっさきに思い浮かべるのは戦争
だろう。ひとたび戦争が始まれば、多くの死傷者が生じる。直接戦闘に巻き込
まれなくても、人々は恐怖と欠乏に苛まれ、平時であれば享受することができ
た幸福を追求することができなくなる。平和とは「戦争がない状態」のみを指
す言葉ではないけれども、人権を奪い人間の尊厳を破壊する戦争が平和と対立
する概念であることは間違いない。

1947年に制定された教育基本法は、教育の目的を次のように定めた。

> 1条（教育の目的）　教育は、人格の完成をめざし、平和的な国家及び社会の形成
> 者として、真理と正義を愛し、個人の価値をたつとび、勤労と責任を重んじ、自主
> 的精神に充ちた心身ともに健康な国民の育成を期して行われなければならない。

一方、1948年に国際連合が採択した世界人権宣言には次のような条文があ
る。

> 26条
> 2　教育は、人格の完全な発展並びに人権及び基本的自由の尊重の強化を目的とし
> なければならない。教育は、すべての国又は人種的若しくは宗教的集団の相互間の
> 理解、寛容及び友好関係を増進し、かつ、平和の維持のため、国際連合の活動を促
> 進するものでなければならない。

教育基本法の「人格の完成」を英語で表すと the full development of person-
ality となる。世界人権宣言の「人格の完全な発達」は the full development of
the human personality である。第二次世界大戦後に相次いでつくられた2つ
の文書は、人間がその人格を全面的に発達させるには、平和が不可欠だと考

第12章　大学は軍事とどのように向き合うべきか

え、平和の創造と維持を教育の目的としているのである。なお、教育基本法は
2006年に改正されたが、「人格の完成」を教育の目的とする規定は存続してい
る。

　平和の追求は大学教育の理念ともされている。今日でも学則や学位授与の方
針などに教育の目的として高等教育による人間の育成と平和への貢献を掲げる
大学は少なくない。以下に北海道内のいくつかの例を掲げる。

　　○学術文化の中心として広く知識を授けるとともに、深く専門の学術を教授研究
　　し、平和的民主的な国家社会の形成に寄与することを目的とし、かつ、最高の教育
　　機関として国家社会の向上を図り、もって人類の永遠の平和と福利に貢献すること
　　をその使命とする（北海道大学通則）。
　　○高い知性と豊かな教養を備えた有能な人物を養成するとともに、高度の工業的知
　　識及び技術の教授並びに学術の研究を為することを目的とし、科学文化の向上発展
　　並びに産業の興隆に寄与し、もって世界の平和と人類の福祉に貢献することを使命
　　とする（室蘭工業大学学則）。
　　○自己と他者の人間性を尊重し、地域社会の諸問題に取り組むと共に、国際的視野
　　に立って世界の平和のために奉仕する心を持った女性を育成します（藤女子大学ア
　　ドミッションポリシー）。
　　○キリスト教による人格教育を基礎として、自由・平等・平和の心を得て、知識と
　　知恵を兼ね備えた豊かな『人間性』を有するようになること（北星学園大学ディプ
　　ロマポリシー）。

　では、大学は、平和の対義語である戦争とどのように向き合うべきだろう
か。ここでは、大学における軍事研究の問題を取り上げたい。

2　安全保障技術研究推進制度

　2015年に「安全保障技術研究推進制度」が発足した。この制度は、自衛隊の
兵器などの開発に有効と思われる基礎研究を大学などの研究者に行わせ、得ら
れた成果を防衛省の研究開発につなげていくことを目的とする。研究費は1件
あたり年間最大3000万円程度、研究期間は1〜3年とされ、毎年委託契約を更
新する。契約更新の際、防衛省のプログラムオフィサーが研究の進捗状況を審
査する。さらに、研究成果を外部に発表・公開する際、研究者は事前に防衛省

125

第Ⅲ部　日常生活における暴力と平和のつながり

に確認し、承諾を得なければならない（防衛装備庁「平成27年度版 安全保障技術研究推進制度パンフレット」）。

　基礎研究への助成であり、研究成果の使途は軍事に限定されない、いわゆる「デュアルユース」を謳っているものの、「安全保障技術研究推進制度」が軍事研究を目的とするものであることは疑いない。この制度に対して、新潟、信州、関西、広島、長崎、琉球の各大学は応募を認めない方針を明確にした（2017年2月の共同通信アンケート調査）。その一方で、態度をあいまいにしたままの大学も多かった。北海道内では2016年度、北海道大学から1件の課題への応募があり、これが採択された。

　2017年3月、日本学術会議が「軍事的安全保障研究に関する声明」を発表した。声明は、「安全保障技術研究推進制度」は、「将来の装備開発につなげるという明確な目的に沿って公募・審査が行われ、外部の専門家でなく同庁内部の職員が研究中の進捗管理を行うなど、政府による研究への介入が著しく、問題が多い」と指摘した。そして、この制度を含む「軍事的安全保障研究」により、「研究の期間内及び期間後に、研究の方向性や秘密性の保持をめぐって、政府による研究者の活動への介入が強まる懸念がある」と述べた。

　日本学術会議のこの声明をきっかけとして、研究者が「安全保障技術研究推進制度」へ応募する際には、その是非を学内機関において審査する動きが全国の大学に広がった。その結果、2018年度以降、「安全保障技術研究推進制度」へ応募する大学の研究者は激減した（表12-1）。北海道内では、帯広畜産大学、室蘭工業大学がこの制度への応募を認めない方針を明らかにした。北海道大学、北見工業大学は、学内に審査委員会をつくり、軍事利用の可能性がある場合は申請を認めないこととした。北海道大学はさらに、2016年度に採択された研究課題（3年間）を2017年度限りで辞退した。

　大学が「安全保障技術研究推進制度」を忌避するようになったことは、政府を慌てさせた。2020年、当時の菅内閣は、日本学術会議から推薦された会員候補者のうち6人の任命を拒否した。これは「軍事的安全保障研究に関する声明」に対する意趣返しではないかと言われている。

　防衛装備庁は、研究者が応募しやすくなるように、研究の進捗管理を緩やかにするなどしてきた。現在の「安全保障技術研究推進制度」のパンフレット

第12章　大学は軍事とどのように向き合うべきか

表12-1　安全保障技術研究推進制度への応募・新規採択件数

年度	大学		公的研究機関		企業等		計	
	応募	採択	応募	採択	応募	採択	応募	採択
2024	44	8	55	9	104	8	203	25
2023	23	5	27	8	69	10	119	23
2022	11	1	36	13	55	10	102	24
2021	12	5	30	5	49	13	91	23
2020	9	2	40	10	71	9	120	21
2019	8	2	15	7	34	7	57	16
2018	12	3	12	7	49	10	73	20
2017	22	0	27	5	55	9	104	14
2016	23	5	11	2	10	3	44	10
2015	58	4	22	3	29	2	109	9
計	222	35	275	69	525	81	1022	185

出所　防衛装備庁 HP「安全保障技術研究推進制度（防衛省ファンディング）」各年度の資料により筆者作成。

は、「研究成果の公表が制約されることはありません」と案内している。政府はまた、2021年度、「経済安全保障重要技術育成プログラム」（2500億円）を発足させた。「経済」と謳っているもの、このプログラムにより、軍事技術への転用を見込んでいると思われる研究テーマも募集している。

　2022年12月、岸田内閣は、同盟国であるアメリカからの要請を受け、いわゆる安保三文書（「国家安全保障戦略」、「国家防衛戦略」、「防衛力整備計画」）を閣議決定した。以降、政府は「防衛関連費」を劇的に増加させている。その額は2022年度5.4兆円であったものが、2024年度には8.9兆円となった（予算ベース）。

　このような中、大学からの「安全保障技術研究推進制度」への応募も再び増加している。2022年9月、北海道大学は方針（役員会決定）を転換し、「"明白に民生的研究を加速する研究"であり、かつ"研究の自由及び研究成果の公開が確保されている"等」のものであれば、「国内外の軍事・防衛を所管する公的機関からの資金提供を受けて研究を行うことを認める」とした。

　その結果、「安全保障技術研究推進制度」に2023年度に1件、2024年度には2件が新規採択された。2023年度には北見工業大学からも1件が新規採択され

127

第Ⅲ部　日常生活における暴力と平和のつながり

表12-2　北海道の大学・研究者の安全保障技術研究推進制度への新規採択

年度	研究課題名	研究代表者所属機関	研究代表者	備考
2024	高周波・高出力ダイヤモンドデバイスに関する基礎研究	北海道大学工学研究院	金子　純一	大規模研究課題（タイプS）
2024	過酸化水素水を用いるハイブリッドキックモータの実用化研究	北海道大学工学研究院	永田　晴紀	小規模研究課題（タイプA）
2023	災害医療対応・外傷処置・外傷手術XR遠隔支援システムの開発	北海道大学工学研究院	近野　敦	大規模研究課題（タイプS）
2023	高耐性を有する水中音響通信デジタル変復調方式の研究	北見工業大学工学部	吉澤　真吾	小規模研究課題（タイプC）
2016	マイクロバブルの乱流境界層中への混入による摩擦抵抗の低減	北海道大学工学研究院	村井　祐一	2018年度辞退

※研究課題にタイプが設けられたのは2017年度以降。
出所　防衛装備庁HP「安全保障技術研究推進制度（防衛省ファンディング）」各年度の資料により筆者作成。

ている（表12-2）。

　北海道大学の新しい方針は、研究者が「安全保障技術研究推進制度」などへ応募する際の審査において「軍事研究」であるかは問わないことにした、と読める。科学研究の成果や技術の多くが軍民両用（デュアルユース）であることは事実だろう。だからといって、大学が軍事研究を定義することはできないとか、軍事研究とのかかわり方を考えなくて良いというわけではない。大学には、大学にふさわしい軍事研究とのかかわり方を考え、追求していく責任がある。

3　大学は軍事研究とどのように向き合ってきたか

　大学における軍事研究の問題は、近年突如として持ち上がったものではない。歴史を遡れば、戦前、特に第二次世界大戦の期間、日本の大学では軍事研究は「当たり前」であった。軍艦、航空機、レーダーなど兵器の設計から、戦争経済体制やプロパガンダに至るまで、多くの軍事研究が行われていた。

　敗戦後、日本国は「平和的文化国家」を国是として再出発した。日本の科学者を代表する機関として設立された日本学術会議は、「これまでわが国の科学

者がとりきたった態度について強く反省し」、「日本国憲法の保障する思想と良心の自由、学問の自由及び言論の自由を確保するとともに、科学者の総意の下に、人類の平和のためあまねく世界の学界と連携して学術の進歩に寄与する」と誓った（日本学術会議第1回総会、1949年1月）。日本学術会議はさらに、1950年と1957年に、「戦争を目的とする科学の研究には絶対従わない決意表明」を行った。日本学術会議がこのような声明を発表したことと呼応して、大学でも軍事研究を拒否する気運が高まった。

　このことを象徴するできごとの1つに、北海道大学、東北大学、東京大学、九州大学で起きた「自衛隊員の大学入学問題」がある。東京大学は現職隊員の入学は一切拒否することを決めた。北海道大学では、1962年秋、大学院工学研究科において翌年度の修士課程の入学試験合格者に9名の現職自衛官が含まれていることが明らかになると、職員組合、大学院生協議会、北大平和を守る会などから合格の取消しと在学者（工学研究科では62年度に4名の現職自衛官が入学していた）の退学を要求する運動が展開された。工学研究科教授会は長い議論の末、在学者・合格者とも取消すことはせず、64年度の募集からは自衛隊員はいったん退職しない限り一般学生としての入学を認めないこととした。

　その一方で、ベトナム戦争最中の1967年、大学の研究者の中に米軍から資金提供を受けている者がいることが新聞報道され、大きな問題となった。日本の大学を含む多数の機関の研究者が米軍（米陸軍極東研究開発局）からの資金提供（研究費、旅費、国際会議開催費）を受けていたのである。資金提供は1959年から行われており、大学の研究者に対するものは国公私立25大学に及んでいた。世論の批判や国会での問題追及が始まると、北海道大学医学部などいくつかの大学では、教授会が米軍との契約を破棄し資金を返上することにした。

　この時、今回の件は資金の出所がたまたま米軍であっただけで、当該の研究はそれ以前から研究者が自発的に行ってきたものであり、問題はないと主張する者もいた。これに対して、学界では、研究者が軍事を目的としていなくても、資金提供者の意図や研究成果の利用の状況から見て、一連の研究は軍事研究だと見なされるという見解が有力であった。日本物理学会は、国際会議の開催費用の一部として米軍から寄付を受けていたことが明らかになると、事態を重く受け止め、「今後内外を問わず、一切の軍隊からの援助、その他一切の協

第Ⅲ部　日常生活における暴力と平和のつながり

力関係をもたない」とする臨時総会決議を挙げた。

　これら1960年代の動向からわかるのは、大学・学界は、軍事研究にかかわらないことを科学者の社会的責任として掲げつつ、どのようにしてそれを具体化するかに腐心してきたということである。当時すでに議論されていたように、基礎研究であれ、その成果が将来軍事利用される可能性がゼロでない以上、軍事研究に関連する研究に一切かかわらないようにしようとすれば、ほとんどの科学研究は停止する以外なくなってしまう。そこで、大学や各学会は、軍からの資金提供を越えてはならない一線と定め、他の軍事とのかかわり方をどのように扱うかは構成員の間で議論し考えていくようにしてきたのである。

　研究資金の出所が軍やその関係機関であるかで線引きするという判断基準は、今日でも有力かつ有効なものである。「安全保障技術研究推進制度」はデュアルユースを謳っているものの、防衛装備庁の資金であることから、目的が軍事利用であることは間違いない。

　一口に軍事研究といっても、何を軍事研究とみなすかは簡単ではない。軍から委託された研究を民間企業が行い、ここに大学の研究者が参加する場合もある。また、米国のDARPA（国防高等研究計画局：Defense Advanced Research Projects Agency）のように、基礎研究や民生研究の成果を軍事へと転用することを目的とする組織も存在する。民間の研究として行われている軍事研究ではないとはいい切れないだろう。

4　学問の自由と軍事研究

　1960年代においても、現代でも、大学が軍事研究を一律に禁じるべきではないという考え方は根強くある。軍事研究の肯定論には、大学は軍事に関しても積極的に貢献すべきだというものや、防衛を目的とするものに限定するのであれば、軍事研究を否定すべきではないというものなど、いくつかの立場がある。ここでは、研究者の社会的責任、すなわち研究成果の利用に関して責任を負わなければならないことを理由に研究テーマを規制するのは「学問の自由」の侵害にあたるという論を検討したい。

　高度な軍事技術は、さまざまな研究の成果を利用することにより成り立って

いる。インターネットで瞬時に情報が駆け巡り、全世界的にデータベースが共有されている現代社会において、発表した研究成果を誰がどのように利用するかまでを見通すことは不可能である。しかし、だからといって研究者が研究成果の利用に一切責任を負う必要はないというのは極論であり、かつ危険な考え方だといわなければならない。

かつて、日本学術会議が行ったアンケートにおいて、「学問の自由が最も保障されていた時期はいつか」という質問に対して、多くの工学系研究者は「第二次世界大戦中」と答えた。それは、研究費が潤沢であったからという理由であった。戦時中に研究者たちが謳歌していたような「研究の自由」は、はたして社会が護るべき「学問の自由」だったのか考える必要がある。

日本国憲法23条は、「学問の自由」を基本的人権の1つとして挙げている。「学問」には研究とその成果の発表が含まれる。「学問の自由」はすべての国民に保障されるべき市民的自由であるけれども、大学においては特に強く保障される必要がある。このように定めたのは、大学が公権力から介入されることなく学術研究と高等教育を行うことができるようにすることにより市民社会の自由をより完全なものにするためである。

ところで、「学問の自由」は無制限の権利ではない。ある者の自由の行使が他の者の人権を妨げる場合には制約せざるを得ない。もしくは学界が倫理的に認められないとして禁じている場合（人クローン胚の製造）もある。すなわち、研究者たちは社会のさまざまな分野で、研究成果の利用がもたらす影響に関しても検討し、発言し、規制している。原子力開発のように、（利用しないことも含めた）研究成果の利用の方向をめぐっては研究者の間でも対立がある場合も少なくない。対立が生まれるのは、自身の行っている研究の成果がどのように利用され、その結果何がもたらされるかを自覚しているからに他ならない。軍事研究だけがこうしたことに無関心で良いわけはないだろう。

5　大学教育の課題

本章のしめくくりとして、大学教育の課題について考えたい。

学生は学士課程における卒業研究や大学院修士課程・博士課程における研究

第Ⅲ部　日常生活における暴力と平和のつながり

テーマの確定という形で自身の関心を見定めていく。この過程で重要なポイントの１つとなるのは所属する研究室の選択である。では、所属を決める際、学生は当該研究室の社会的役割や課題について十分な情報を得ることができているだろうか。

　理学部や工学部など自然科学系では、学生は研究室に所属し集団で研究を行うことが多い。そして、当初はデータの収集や測定など、教授から割り当てられた作業をこなすだけであり、研究の方向を自律的に決定することができるようになるのは、相当先のことである場合も珍しくないだろう。

　このような体制は、発達した現代の科学の必然的な帰結に違いない。しかしながら、学生の側からみて望ましいとはいえない。教授ら研究室の責任者が、自身が行っている研究の社会的意義はもとより問題点にも自覚的であり、関連の情報を論文や教育を通して示していれば良い。しかし、教員がそうしたことに無頓着であったり、意図的に隠していたりするような場合には、学生は何も知らないまま、あるいは知らされないまま、大学の体制に組み込まれてしまうことになる。そして、所属組織の「研究」に対して違和感を抱くことがあっても、途中で抜け出すことができず、途方に暮れることになる。

　別の問題として、現代の大学は研究費の獲得をはじめ、さまざまな競争に明け暮れている。そうした中で、学生が各分野の研究の社会的意義や問題を十分知らないまま、所属先を選ばされていることはないだろうか。その結果、華々しい研究成果を上げている研究室、多くの資金を獲得して多数の研究者を雇用している研究室、就職に強い研究室といった、現代の大学を競争に駆り立てている価値基準を疑うことなく、少なくとも一歩引いたところからみることをしないままに、進学先を決めてしまっている場合はないだろうか。

　学生が自身の判断で「有力な」研究室を選ぶことは自由である。このことが悪いわけではまったくない。だが、それとともに、あるいはそれ以上に重要なこととして、学生には高等教育を通して自身の研究関心を発展させ、人格的成長を遂げる権利があることを大学は忘れてはならない。

　このようなことを可能とするためには、大学の教員・研究者は、自身の学問が社会とどのようにかかわっているかを学生に対して積極的に語るべきだろう。そこには軍事との関係も含まれる。そうしたことを行うには、大学が自由

132

第12章　大学は軍事とどのように向き合うべきか

な言論の場であるとともに、不当な外圧から教員・研究者を守る体制を持つ必要がある。これらをつくることは現代の大学の課題である。

〔参考文献〕
芦名定道・宇野重規・岡田正則・小沢隆一・加藤陽子・松宮孝明、2022、『学問と政治―学術会議任命拒否問題とは何か』岩波新書
駒込武、2024、『統治される大学―知の囲い込みと民主主義の解体』地平社
杉山滋郎、2017、『「軍事研究」の戦後史―科学者はどう向きあってきたか』ミネルヴァ書房

【光本　滋】

第13章　メディアと平和

1　メディアがめざす「平和」とは

　「デモをしたところで、遠いところで起きている問題が解決するとは思いません」

　1人の大学生がつぶやいた。2023年11月夜、あるシンポジウムの運営に協力してくれる大学生たちとの懇親会でのことだった。この1か月ほど前、パレスチナのイスラーム組織ハマースによる攻撃がきっかけとなって、イスラエルがガザ地区に軍事侵攻した。多大な犠牲者が出ていることに国際社会で非難の声が上がり、北海道でも抗議のデモ活動が行われていた。

　パレスチナで医療活動や子ども支援を長年続けている北海道パレスチナ医療奉仕団（2010年設立）が主催したデモには、普段はみない顔ぶれが列に加わり、通りがかりの若者が一緒になって「戦争反対」を叫んでいる。その様子は新聞やテレビで報道されていた。にもかかわらず、大学生たちは「デモをみたことがない」という。私は大学生にこう答えた。

　確かにデモをしても問題が解決することは少ない。しかし、ガザ侵攻に抗議する市民の姿はインターネットのニュースを通じて現地に伝わり、実際に私たちの報道に対して「声を上げてくれてありがとう」という反応が返ってくる。彼らは国際社会から見捨てられたという思いがある。そうでないということを伝えることで、明日も頑張って生きてみようと思ってもらえるかもしれない。欧米でも何万人もの抗議の声によって、アメリカのバイデン大統領がイスラエル寄りの政策を変えた。デモをしても変わらないと思って参加しなかったら、こうしたことは起きない。「現実はなかなか変わらないけど、もしかしたら変えられる」と思って参加することが大

134

事だと思う。

大学生は黙って聞いていた。

メディアは「平和」という言葉を好んで使う。

2013年2月から2024年3月末までの期間、北海道放送が「平和」という単語を含むニュースを報道したのは約2000件（「国連平和維持活動」や「日ロ平和条約」といった名称や地名に使われる「平和」も含む）。単純計算で1年間に約180回、2日に1回はニュースで「平和」を伝えている。

私たちは集会やデモ活動などを取材し、「平和の大切さ」を伝える。だが、平和とは単に戦争がない状態だけではないと私は考える（第7章参照）。平和とは、貧困や抑圧、差別、暴力がない社会のことを指すといえよう。差別や暴力には、精神や身体を直接傷つけるものもあれば、出自や身分による構造的なものなどさまざまな形態がある。そして、貧困は分断を生み、差別は憎しみを深める。分断や憎しみによって生まれた不信や不安、不条理を放っておくと、言論ではなく暴力によって解決を試みようとする者が現れ、やがて紛争や戦争へと発展する。だから、戦争がない日本でも、いま社会の中で困難を抱えている人や差別や抑圧に苦しんでいる人がいれば、メディアはその声を伝える責務がある。問題をみんなで共有し、解決を模索する。その先に自由や平等が当たり前となる平和な社会があると信じているからだ。

2 警察によるヤジ排除が奪うもの

平和な社会をめざして私たちがこだわって報道してきたものの1つに、北海道警察によるヤジ排除問題がある。

2019年7月15日、参議院選挙期間中のJR札幌駅前で、自民党候補の応援演説をしていた安倍首相（当時）にソーシャルワーカーの男性が「安倍やめろ」とヤジを飛ばした。すると周囲にいた警察官らが瞬く間に男性の体をつかみ、強制的に数十メートルも後方に追いやり、ヤジを飛ばせなくした。別の場所にいた大学生の女性は「増税反対」と叫んだが、同様に警察官らが羽交い絞めにして、その声を封じた。女性が現場を離れても警察官はさらに付きまとってき

第Ⅲ部　日常生活における暴力と平和のつながり

て、安倍氏の次の演説会場に行かせないよう妨害した。また、年金政策を批判するプラカードを掲げようとした市民団体の女性３人も、警察官によって阻止され、プラカードすら掲げることができなかった。

　排除は、誰もが自由に行き来できる公共の場で起きた。安倍氏を支持する声援やプラカードは許されて、批判的なヤジやプラカードは排除されたのだ。岩本一郎北星学園大学教授（憲法学）は警察の対応について「表現内容によって排除するかどうかを判断したとしたら、憲法21条２項で禁止する検閲に当たる」と批判する。

　「ヤジ」という言葉から、拡声器を使って罵声を浴びせる、妨害するという否定的なイメージを持つ人は多い。実際にSNSで「ヤジを飛ばすのは選挙妨害だ」という投稿が多くあった。だが実際は、彼らは地声で十数秒声を上げただけで、ヤジというよりむしろ意見表明だった。個人の意見表明を悪質な妨害行為と同一視する。意見を表明するために上げた声と妨害行為的な罵声をひとくくりにして「ヤジ」としか表現しようのないのは、日本の政治言語、政治文化が未成熟なことの裏返しだともいえる。

　一方、警察は「周囲とのトラブルを回避するためにとった措置だ」と主張した。ヤジを飛ばしたことによって、周囲にいた自民党支持者らと小競り合いが発生する緊迫した状況となった。そのため犯罪が起きるのを防いだり、男性に危害が加えられるのを避けたりするために男性を移動させた。これが警察の理屈だった。

　その後、排除された男女２人は北海道警察を所管する北海道を相手取り、損害賠償訴訟（国家賠償請求訴訟）を起こした。2022年３月、札幌地裁は現場を記録した動画などを検証し、トラブルになる様子がないにもかかわらず排除したとして、警察の行為は違法と断じた。そして憲法が保障する「表現の自由を奪った」として警察側に計88万円の損賠賠償を命じた。また排除が起きた理由として、判決では「（ヤジが）安倍総裁の街頭演説の場にそぐわないものと判断して、当該表現行為そのものを制限し、また制限しようとしたものと推認せざるを得ない」と指摘した。つまり、市民の表現の自由を守るよりも、安倍政権への忖度を警察が優先したと認める判決だった。

第13章　メディアと平和

　「おそろしいのは、大勢のカメラのいる前で警察がしたということ。あんたたち無視されたんだよ」

　こう語るのは元北海道警察幹部の原田宏二さん（2021年12月死去）。北海道警察の裏金問題を実名で告発した原田さんは、警察が抱える問題点について正面から批判しないメディアに対して、常日頃から厳しい言葉を投げかけていた。

　警察が市民を排除した現場を複数の新聞やテレビ局のカメラが撮影していた。だが2日後に朝日新聞が全国版で報道するまで、どこのテレビ局も新聞社も報道しなかった。周りの市民も、警察に抗議しようとせず、ただ傍観していた人ばかりだった。

　現代中国の専門家である城山英巳北海道大学教授は私に懸念を吐露した。

　　権威主義国家を研究する立場として、あの現実を見た時、中国の問題と重ねてしまった。日本は声を上げた人に対して、周りは冷ややかな眼でみるが、中国の場合、2022年11月に政府のゼロコロナ政策に抗議した白紙運動の際、声を上げた人に対して、次々と「俺も、私も」と後に続いた。日本よりも中国のほうが逮捕や拘束されるリスクが高いにもかかわらずだ。日本には言論の自由があるのに、その自由を守ろうという努力が見えない。本当にこのまま行くと権威主義国家と同じような国になるのではないか。

　初報で出遅れた私たちだったが、第一報後も取材を続け、2020年4月にはドキュメンタリー番組『ヤジと民主主義〜小さな自由が排除された先に〜』を放送した。2022年11月には同名タイトルの書籍を出版。2023年12月には100分の映画『ヤジと民主主義　劇場拡大版』を劇場公開した。映画館で舞台挨拶をすると、「排除の映像を観てあそこに自分がいたらと想像し、涙が出ました」「声を上げる姿に勇気をもらいました」と涙ながらに感想を述べる女性が多くいた。さまざまな人が多様な受け止め方をしていたことに驚いた。

　　会社が法律を守っていないことがあって、同僚はおかしいと思っても声を上げないのです。しかし私は告発することを決めました。（年配の男性）

第Ⅲ部　日常生活における暴力と平和のつながり

　　私はふだん声を上げるような人間ではないのですが、この映画を観て声
　を上げることの大切さを教えてもらいました。これからガザの攻撃に反対
　するデモに行ってきます。（20代の若者）

　　映画を観て良かったです。ありがとうございます。わたし子どもだけ
　ど、声を上げて良いんですよね！（中学2年の女子生徒）

　女性というだけで不当な扱いを受けている人。生活保護費を減額された人。
障害があることを理由に差別されている人。貧困状態なのに「自己責任」と責
められて支援を受けられない人。ヘイトスピーチの攻撃にさらされているアイ
ヌ民族や在日コリアン。婚姻という誰しも平等なはずの権利を手にすることが
できない性的少数者。あの日排除されたヤジは、声を上げる人、あるいは声を
上げようとして封じられた人たちの象徴なのではないか。

　2023年6月、控訴審判決で札幌高裁は、女性への排除は違法だとして一審を
支持した。一方、男性への排除は警察側の主張をそのまま認めて、適法とし
た。警察側と男性はそれぞれ上告するが、2024年8月、最高裁は実質的な審理
は行わず、双方の上告を退けた。

3　マイノリティの視点から考える

　「カーブカット効果」という言葉がある。1970年代の米カリフォルニア州
バークレー市。当時の歩道にスロープはなく、車いすで移動するのは大変だっ
た。ある日、障害者運動の活動家らが縁石にセメントを流し込んで簡単なス
ロープをつくった。障害者らの声に押され、市がカーブカット（段差解消）の
ある交差点を造設すると思わぬ効果が生まれた。車いすの利用者だけでなく、
ベビーカーを押す人、重い台車を押す作業員、スーツケースを引く出張中のビ
ジネスマン、ランナーやスケートボードを楽しむ人までが、カーブカットを利
用し始めたのだ（アンジェラ・グローバー・ブラックウェル「社会を動かすカーブ
カット効果：マイノリティへの小さな解決策から生まれる大きな変化」スタンフォード・
ソーシャルイノベーション・レビュー日本版。https://ssir-j.org/the_curb_cut_effect/
（2024年9月11日最終閲覧））。

第13章　メディアと平和

　1番弱い立場の人が暮らしやすい社会は、誰にとっても暮らしやすいものになる。そして重要なのは、マジョリティだと思っている自分が、マイノリティになることもあるということだ。カーブカットが示唆するものは、立場の弱い人のための「配慮」や「優しさ」ではなく、私たち一人ひとりに通じる問題だということだ。生まれた場所や時代が変われば、もしかしたらそれは自分だったかもしれないのだ。

　私がこう思うようになったのは大学時代の経験がある。大学1年生だった1991年、湾岸戦争が起きた。探検部の部員だった私は、さまざまな経緯からヨルダンの難民キャンプでボランティアをすることになった。キャンプでは、バグダードから徒歩で逃げてきた人々やイラク国内でも迫害されていたクルド人親子などと出会った。キャンプに到着するまで、私は難民を「かわいそうな人たち」と思っていた。だが、違っていた。戦争が始まるまで、会社に勤めていたり、自営業を営んでいたり、学校に通っていたり、私たちと変わらない生活を送っていた。真面目に仕事をこなし、家族を愛していた。それが爆弾によって生活や財産が破壊され、大切な人を奪われた。

　難民の中にイラン人の男性がいた。イラン・イラク戦争でイラクの捕虜になったという。戦火の混乱に紛れて逃げてきたが、イランに帰ったら「イラク側のスパイになったと疑われて拷問にあう。家族がイランにいるけど帰れない」と打ち明けてくれた。そして私にこう語った。

　　　日本を尊敬している。日本はアメリカに原爆を落とされても経済的に復興した。ドラマ『おしん』はイランでも人気で、イラン国民は日本を目標にしている。そんな日本がアメリカの戦争を支持するのはおかしいし、残念だ。

　たくさんの難民が詰め込まれたコンテナで、一緒にジョン・レノンの「平和を我等に（Give Peace a Chance）」を歌った。イラン人も、サッダーム・フセインのバッチをつけたイラク人も、一緒に声を合わせて。彼らに聞いた。

　「ぼくに何かできることはないか？」

　「俺たちのことを日本で伝えてくれ」

第Ⅲ部　日常生活における暴力と平和のつながり

　大学2年からは、中国の新疆ウイグル自治区で遊牧民の家族と3回にわたり長期間一緒に暮らした。水道もガスもない生活。男の子は学校に行かず羊の世話をしている。見ず知らずの日本人が突然やってきて、片言の中国語で「学生の調査として少数民族の遊牧民と一緒に暮らしたい」との話を信じて、受け入れてくれた。大自然の中で物質的には貧しくても精神的に豊かに暮らす遊牧民たち。当初抱いていたイメージは最後まで崩れることはなかったが、漢族が力を持つ中国社会の中で、近代化から置き去りにされたり、昇進や進学などで構造的差別を受けたりする少数民族の現実を知った。

　本多勝一や藤原新也、長倉洋海といった著名な社会派ジャーナリストに憧れ、新聞社の入社試験を受けまくった。だが、時代はバブル崩壊後の就職氷河期。大学時代の経験で就職活動を乗り切れると思っていた私は、ことごとく筆記試験で落とされた。まるで自分が否定されているようで、人生初めての挫折だった。それならばドキュメンタリーをつくりたいと思い、就職先をテレビの制作会社に方針転換したもののうまくいかず、ようやく東京の会社に引っかかった。だが、ドキュメンタリーをつくるチームには入れず、まったく興味もないグルメ番組などのアシスタントディレクターとしてテレビマン人生をスタートさせた。

　会社に泊まり込むような過酷な日々だったが、取材では興味深い人たちにも出会えた。例えば、「リヤカー族」のおじさんたち。東京・秋葉原でリヤカーを引きながら問屋から出るダンボールを集め、回収業者に売る（当時は1キログラム6円）。寝床は公園。仕事のあるホームレスだ。アイヌ民族の元運送会社社長や元暴力団員など個性的な面々を相手に、社会人2年目の私はビデオカメラを片手に3か月通い続けた。借金を背負って家族を捨てて逃げてきた人。会社の人間関係が嫌で自由を求めて飛び込んできた人。そんな彼らの中にも社会があり、矛盾があり、誇りもあった。

　その後も、在日コリアン、「不登校新聞」を発行した若者、冤罪を訴える元無期懲役囚、治安維持法で弾圧された編集者、少年事件の被害者遺族、少年事件の加害者、カルトに家族を奪われた人たちなど、20代でさまざまな人たちを取材した。大学教授や政治家、経済のアナリストなど肩書を持つ人たちも数多く取材したが、20代の私に、自分は何のために、誰のために伝えるのかを教え

140

てくれたのは前者の人たちだった。

　2006年に北海道放送で正社員として中途採用されるまで、ずっと制作会社の契約社員だった。テレビ局社員は私と同じような仕事をして何倍もの給料を手にしている。テレビ局・子会社・関連会社・下請け会社、さらにその中でも役員・正社員・契約社員という階層の中では、私は最下層にいた。契約は1年ごとの更新で、福利厚生も社会保障もなく、将来の約束もない不安定な身分。数か月間給料がゼロの時もあった。社会の不条理に苦しむ人たちを、ひと事にはどうしても思えなかった。

4　若い人たちへ

　報道の使命はこの国に戦争をさせないこと。そのためにも社会が平和であり続けること。人々が平和な生活を送るために、メディアは権力を監視し、不条理に苦しむ立場の弱い人たちの存在を伝えなければならない。だが日本のメディアはその役割を果たしているのだろうか。

　日本の報道の特徴として「発表ジャーナリズム」が挙げられる。政府や自治体などの発表を疑わず、広報のようなニュースを報じる。そうした発表を他社よりも先んじて報じるために、記者は政治家や官僚と仲良くなり、こっそり情報を教えてもらう関係になる。そうすると相手に嫌われないよう、批判的な報道は控えるよう自己規制が働き、権力者に忖度し、都合の良いニュースばかり伝えるようになる。不正や差別に苦しむ人たちの取材機会は減り、その存在さえ、視界に入らなくなる。

　その結果、何が起きているか。ジャニーズの性加害問題、ハンセン病元患者への人権侵害、旧優生保護法による強制不妊手術…。これらの被害者が上げてきた声をメディアは長い間無視してきた。「発表ジャーナリズム」が「メディアの沈黙」を生み、被害を拡大させてきた。

　2024年の「報道自由度ランキング」で日本は180か国中70位と、またしても主要7か国の中で最下位だった。日本が下位の理由は、政権によるメディアコントロールだけではない。SNSや右派勢力によって記者個人が攻撃される。スポンサーや視聴率を優先し、組織内で記者が自由に取材活動できない大手マ

第Ⅲ部　日常生活における暴力と平和のつながり

スコミの体質も指摘されている。

　平和を問い続けるメディアが少なくなってきていると年々感じる。「外国の戦争に反対するデモを報道しても意味がない」と考え、取材しない記者が増えると、平和を問うメディアはいずれ消えてなくなる。平和とは何かを考えなくなった社会は、権力者にとって好都合だ。気がつけば、老人が戦争を始め、若者が血を流す暗黒の時代が再びやってくる。

　私は若い記者にいつもこんなメッセージを伝えている。

　【半径５メートルを大切に】
　目を凝らせば、僕らの周りには、遠い世界のように見える出来事が地続きでつながっています。
　例えば日々の食事に含まれるパーム油。その多くは東南アジアなどから輸入しています。しかし現地ではアブラヤシのプランテーションをつくるために森林が次々と伐採されています。そこで働くのは周辺の国から安い労働力として集められた人たちです。
　例えば日本で売られている安価な衣料をつくっている最貧国の女性たち。
　例えばスマートフォンに使われているレアメタルを採掘しているアフリカの子どもたち。
　例えば老人ホームで介護の仕事をしながら、内戦に見舞われている母国の家族を案ずる外国人。
　例えば気候変動によって消えていく動植物。
　かつて世間では「若者は半径５メートルのことしか考えない」と揶揄されたことがあります。それは自分のことしか考えないという否定的な意味です。しかしその「半径５メートル」の自分の見える風景の中に、社会の問題がころがっています。僕たちの生活は遠い世界とつながっています。それにいかに気が付けるか。いかに表現できるかが大事なんだと思います。

　この本を読む若い人たちには、日々のニュースに関心を持ってほしい。良質な報道は褒め、物足りない取材は具体的に批判してほしい。その関心の強さが

記者を鍛え、ひいては平和を問い続ける記者を育てることになる。政治は国民がつくるものであるのと同じように、平和をつくるのも一人ひとりの営みの結果なのだから。

〔参考文献〕

鎌田慧、2008、『ぼくが世の中に学んだこと』岩波現代文庫

フィリップ・ナイトリー／芳地昌三訳、2004、『戦争報道の内幕―隠された真実』中公文庫

長倉洋海、1992、『フォト・ジャーナリストの眼』岩波新書

【山﨑裕侍】

コラム④　杉田水脈氏の人権侵犯問題

　アイヌ民族は長年、日本社会で差別や偏見に直面し、特に経済的困窮や社会的抑圧の中で苦しみ、多くのアイヌが社会の最下層に位置づけられ、アイヌであることを隠す生活を余儀なくされてきた。1997年、「北海道旧土人保護法」が廃止され、「アイヌ文化振興法」が成立したが、アイヌ民族が受けた歴史的不正義や差別の問題は十分には解決されておらず、文化の復興や人権の回復を目指す活動が続いている。しかし、経済的格差や社会的な偏見が根強く残っており、これらの問題は依然として解消されていないのが現状である。

　2019年には「アイヌの人々の誇りが尊重される社会を実現するための施策の推進に関する法律」が施行され、同法4条では「何人も、アイヌの人々に対して、アイヌであることを理由として、差別することその他の権利利益を侵害する行為をしてはならない」と規定されているものの、罰則や被害者救済のための明確な措置が設けられていない点で批判を受けている。

　また、2007年に国連総会で「先住民族の権利に関する宣言」が採択され、2008年には日本政府がアイヌ民族を日本の先住民族として公式に認めたが、アイヌ民族の自己決定権や土地・資源に対する権利は認められておらず、国際的な基準からみても十分とはいえない。

　さらに、この法律には「複合差別」の視点が欠けていることが問題視されている。特に2016年のCEDAW（国連女性差別撤廃委員会）からの勧告を受けて、日本政府が十分な対応を取っていないことが批判の的となっている。複合差別とは、ジェンダーや民族性、社会的地位など、複数の差別要因が絡み合い、特定の人々に対してより深刻な差別を引き起こす現象を意味する。

　マイノリティ女性フォーラムは、このような差別問題を国際社会に訴えるために、CEDAWの日本審査に関わり、アイヌ女性や在日コリアン女性、部落女性をはじめとするマイノリティ女性が置かれている厳しい状況を可視化してきた。しかし、2016年、議員を失職中だった元衆議院議員の杉田水脈氏が、CEDAW日本政府報告審査会を傍聴した際に、アイヌ女性と在日コリアン女性を無断で撮影し、その写真に侮蔑的なコメントを添えてブログに掲載し続けるという事件が発生した。杉田氏は6年以上にわたりこの差別的なブログを公開しており、2022年には国会で複数の野党議員がこれを取り上げ、差別行為として問題視するに至った。

　マイノリティ女性たちは、この問題に対して杉田氏に抗議し、議員辞職や謝罪を求めたが、政府や関係機関は具体的な対策を講じなかった。その後も杉田氏はSNSでアイヌ民族や在日コリアン女性に対するヘイトスピーチを続けており、事態はさらに悪化している。2023年にはアイヌ女性や在日コリアン女性が法務局に人権侵犯の認定を申請し、いずれも「人権侵犯があった」と認定されたが、杉田氏への対応は啓発活動に留まり、差別問題の根本的な解決には

コラム④　杉田水脈氏の人権侵犯問題

至っていない。杉田氏は引き続き「差別は存在しない」と主張し、さらにアイヌ文化振興事業の不正利用など、アイヌ民族に対する誤った情報と差別を広め続けている。

北海道が2023年度に実施した「アイヌ生活実態調査」が2024年9月に公表された。初めてSNS上での差別が職場や学校での差別を上回る結果となった。これは、インターネット上でのアイヌ民族に対する差別が広がっている現状を示しており、適切な法的対応や教育が行われていないことを浮き彫りにするものである。

さらに、今回の調査ではアイヌの人数が過去最低を記録し、7年間で1500人が減少した結果、1万1000人となった。アイヌを名乗ることで差別にさらされるおそれがあることから、多くのアイヌは自らのアイデンティティを公にすることを避けているのである。この状況は、アイヌ民族に対する差別が放置されている現状と深く関わっていると考えられる。

杉田氏の発言や行動に対する解釈としては、「弱者やマイノリティへの差別が、彼女自身が強者の立場に自らを置くためではないか」と考えられる。特に日本社会におけるジェンダー不平等が背景にあることから、特定の女性が自身を強者の側に位置づけ、他の弱者やマイノリティを攻撃・排除することで既存の社会的秩序の一部となり、権力を確保する現象が多々みられる。杉田氏はこの典型的な行動を日々実践しているといえる。

このことを通じて、アイヌ民族の権利や尊厳がいまだに十分に守られていない現状が明らかになり、当事者や人権団体、市民からの抗議が相次いだ。杉田氏の行動は、日本国内外での人権擁護の観点からも大きな議論を呼び起こし、責任が問われている。

この不平等の社会を変革するためには、日本政府として不当な差別的言動に実行性ある措置をとることが重要であり、包括的差別禁止法や独立した国内人権機関の創設が早急に必要とされている。

【多原良子】

終　章　北海道の現代史をひらく教育への示唆

1　生の現場と乖離したイメージ

　筆者の通った北海道の小学校の校歌を思い出していた。その１番の出だし
は、地元の山のことであったが、２番の出だしは、開拓の心を受け継ぐという
内容だった。

　この本を手に取って下さったみなさんは、各章を読んでどんな印象を持った
だろうか。筆者が通った小学校の校歌は、北海道に移り住んできた和人の、あ
る種の「成功」イメージの言葉だったといえるだろう。ふと思えば、原発立地
でも、「成功」をイメージさせる言葉が並ぶ。「不幸な子どもを生まない道民運
動」（本書第５章）など、犠牲を覆い隠すマジョリティの言葉は、本書でも指摘
された。一方で、本書の各章は、そうしたイメージに覆い隠された、先住民支
配・植民地支配下で心身に深い傷を負い、それでも命を助け合った、まさに生
の現場の声を救い上げていた。それは、「灯かりを消して息をひそめていた」
日本人（同第２章）といった、マジョリティの側の現実も含む。

　また、そこまで意識的ではなくとも、本書で触れられた、北方少数民族につ
いての知識の不在（同第３章）や、大学生のデモへの心象（同第13章）なども、
生の現場と自分との乖離につながっている。各章での学びを経て、入植者の子
孫としての自己（筆者）の育ちを見つめ直しながら、その乖離から抜け出すた
めの教育の内容や方法、育つ地域や人間の像について、いくつかの示唆を考え
ることで終章にかえたい。各章が提起した課題を、広く北海道の生活者、特に
マジョリティの側を含んで共有していくには、学術やメディアとともに、それ
と深くかかわりあって存在する、子育てや学校教育（大学教育を含む）、社会教
育のあり方も重要になると考えるからである。

終　章　北海道の現代史をひらく教育への示唆

2　日本人あるいは和人の無自覚性・加害性

　日本人あるいは和人[1)]の無自覚性・加害性に不快感を覚える場合は留意いただきたい。筆者は小さい頃、家族と一緒に、白老の「ポロトコタン」（ウポポイが出来る前にあった、アイヌ文化を伝承保存していた施設）に行った。私自身にとってその訪問は、学びであり文化が素敵だという思いはあったものの、自分の中では歴史的経緯に思いが及んでいたとは言い難い。

　博物館等のメッセージ性も、子ども・大人へ大きな教育力を持つ。北海道内の開拓の展示の中で、アイヌと和人との関係について、和人の加害の立ち位置も意識させる展示がどれほどあるだろうか。真に共生に資する教育内容とはどのようなものかを考える必要がある。筆者自身は、その加害性に感情次元から出会ったのは、大学で民衆史掘り起こし運動の歴史に出会って、差別そのものに加え差別の眼差しを内面化することによる固有の苦しさ（例えば、「シシャがつくった北川源太郎にあわせて生きるウソ、つくられたウソの中で自分を偽り、欺いて生きることの二重のウソ」、本書第3章で紹介されている『ゲンダーヌ―ある北方少数民族のドラマ』23頁。本書のとおり、これはウィルタの話である）を読んでからだったと思う。「強制連行」された朝鮮人、中国人の思いを含め、もっと思春期の多感な時期に、生の現場の声として出会うべきものだった。そして、その苦しみを生じさせていたことを知らず、その構造を再生産していた側に私もいたと思うと、本当に申し訳ないと思う。

　日本人あるいは和人の無自覚性・加害性を可視化し、その反省と謝罪から、改めて、この地、アイヌモシリにお邪魔させてもらう対話をどのようにしていけるだろうか。それは、この先の移住者にとっても大事なことだろう。しかし、アイヌ民族へのヘイトスピーチが止まない現在の北海道で、それは重い課題である。ヘイトスピーチは、命にかかわる。教育を含め、多方面から知恵を出し合い、一刻も早く止めていかなければならない。

第Ⅲ部　日常生活における暴力と平和のつながり

3　ひらかれた自立と、消えない歴史

　各章は、みなさんの育ちや人生の歩みとどのようにかかわっていただろうか。自身のマイノリティ性と重ねて自己内で対話したり、あるいは家族や友人の状況を思い浮かべたりして、共感的に読んだかもしれない。一方で、何となく読み進めたいと思えず心を閉じたところもあったかもしれない。その時に、ちょっと考えてみよう。そこではすでに自身の中で形成されているイメージとの齟齬が起きているのだ。そうであるからこそ、そこが、生の現場との出会い直しの出発点となるのだ。その心の負担は、自分のどういう部分との関係で生じたのだろうか。自身のマイノリティ性を見つめる辛さかもしれないし、自身のマジョリティ性が抱える加害性への直感的な拒絶かもしれない。後者だとしたら、その心の負担に耳を傾けることは、拒絶の増幅を抑えることにつながっていくのかもしれない。

　いま、人生を形づくる因子は多様化し、個人に襲いかかる暴力の現実もまた複合的になっている。みなさん自身にとってもそうであろう。一方、あるべき就労像の柔軟化（本書第10章参照）、移住労働者の暮らしの課題（同第11章参照）、あるいは宗教やアート、自然との関係の視点も含め、各章は、北海道で生きる上での、暴力と平和の理解を拡張してくれた。人生の問題圏が広がっているなら、求められる学びも広がるはずだ。本書第9章からみれば、家庭科は、ジェンダーに基づく暴力から、社会を根源的に捉え直す柱の1つになりうるし、同第5章からみれば、保健体育科も、優性思想に基づく暴力から、社会を根源的に捉え直す歴史的課題を背負っているだろう。多彩な教科の力が、人々の人生をつくる力になれるよう、視野を広げて考えていきたい。

　複合的に折り重なる暴力の状況が、組み直された先も考えよう。積極的にいえば、人生を織り成す多様な側面に光が当たるようになってきたのだから、そこを生きる自分においては、自分をつくっている多様な要素が魅力として彩り豊かに発揮される可能性がある（彩りについては、石原真衣編著、2022、『記号化される先住民／女性／子ども』青土社）。自分の魅力に自信を持った状態をひとまず、「自立」といって良いだろう。自立のイメージも改めて問い直しておこう。

終　章　北海道の現代史をひらく教育への示唆

教育学の生活指導研究では、自立をめぐる研究が蓄積されてきた。折出健二は、「他に頼らず自分のことは自分ですること」という意味のみならず、「誰かと一緒に、または誰かの力に支えられて自分でできること、またそのような個人の状態」という意味を提示した（折出健二、2003、『市民社会の教育―関係性と方法』創風社、85-87頁）。自立は、個人の強さだけでなされるものではなく、他者の応答を含んで（時には面倒をかけることも含んで）、共同でつくりあげられるものなのだ。

　抱く属性も特徴も異なる個人同士が、こうしたひらかれた自立をつくっていこうとする時、重要になるのが、聞き合う学びだ。講義形式だけでもなく、自発的に語り合うだけでもない。マジョリティ性に起因する思いの率直な吐露が誰かのマイノリティ性を傷つけていないかに配慮しながら、みなの語り出されにくい声に耳を傾ける営みである。

　北海道は、入植者の多さやその軍事的有用性の高さなどから、先住民支配・植民地支配の傷の不可視化の度合いが強かったといえる。だからこそ、聞き合う学びに、深い創造性が要請される。聞き合う学びは、人間としてお互いが対等であることを基本とし、他者の言い分を懐柔したり力で封殺したりする軍事の方法が、入り込みにくい空間づくりでもある。それは、学校や社会教育施設の中だけではなく、経済や自然の厳しさを含んだ、暮らしの場でも有効である（同第8章のマイペース酪農の交流会を参照）。聞き合う中から新たな社会の仕組みが実践的に創造される。また、各章のように、世界のさまざまな取り組みにも耳を傾けて学ぼう。聞き合う学びによって他地域の尊敬すべき点が見つかり、世界の諸地域の関係がより対等なものになっていくだろう。

　一方で、忘れてはならないのは、どんなに素敵な社会が訪れても、深い傷を生じさせた加害は歴史であり、その記憶のあり方をどうするのかが問題であって、歴史自体はけっして消えないことである。未来を構想する時に、つい我々は過去を乗り越える議論をしがちであるけれども、歴史とともに生きる姿勢も大事だと思う。そのことを受容したほうが、マジョリティの側にとっても、自身の悪いところがきちんと位置づいて、翻って、自身の良さや普遍的に良いものなどの輪郭がはっきりしてくるのではないだろうか。第4章のキリスト教会の向き合い方からも学んでほしい。

149

第Ⅲ部　日常生活における暴力と平和のつながり

4　一人ひとりの勇気

　北海道の自立の議論は、外から勝手にその「後進性」や抱える問題を指摘されることへの異議など、日本の中心へのレジスタンスが前面に出て、北海道内外の多様性や歴史的な加害・被害の関係性の組み直しがもたらす積極性を、十分に含んでこられなかったのかもしれない。各章で、マジョリティの考えや状況、変化を含んで、生の現場が捉えられたことにより、翻って、マジョリティの側も何をどうやっていけるのか、対話の糸口をまた一歩ひらくのに本書が少しでも貢献できたら幸いである。改めて、マジョリティの変容と教育のあり方とは、深い結びつきがあると思う。大事なのは、読者の皆さんを含め、教育のあり方そのものを、教育現場内外でもっと自治的に議論する時間や枠をつくることだろう。子どもとも考える時間をつくってほしい。

　編者2人の共通の思いとして、深い傷を生じさせた加害と向き合い、ひらかれた自立を育てる教育にあふれる地域空間のモデルを、矢臼別に見ることができると思っている。ここでは、平和盆おどりの教育的特徴に触れておこう。その会場準備は、矢臼別に足しげく通う多彩な人々が、その特技を出し合って、ステージや電気配線、食事、さまざまな企画や文化活動の準備をする。会場づくりの中で、各々の活躍が照らし出され、それまで見えていなかった互いの魅力が映し出され、みんなの中での自分の居場所と安心感が醸成される。そして、それによって、みんなにとっても場の生活の質が豊かになっていく、不思議な空間なのだ（阿知良洋平、2017、「新連載『平和への権利を読み解く』第2回　平和の権利感覚を支える地域教育の課題　社会教育の視点から」『INTERJURIST』194号）。こうした空間の性質は、ここで訓練される兵士（自衛官のみならず米兵を含む）

写真　矢臼別平和おどり会場のやぐら

出所　ピース矢臼別敷地内、2024年清末愛砂撮影。電球のきらめく空間の素敵な色彩は、現地を訪れて見てほしい。

150

終　章　北海道の現代史をひらく教育への示唆

の加害を止めたいと願う、監視行動などの各種行動の場にも貫かれ、人々の参加動機の支えとなっている。

　加害を自制する側面を位置づけた自立とそれへの教育の創造は、道半ばと言わざるを得ない。北海道の構造の中で、マジョリティによる顕在、潜在の加害性を考えるとき、加害の自制は、それに向き合う勇気と、ひらかれた自立の創造との両輪で進んでいくのだろう。この場合の勇気とは、単純に個人の倫理性に還元することを意味するわけではない。構造の問題や共同の支えの必要を十分に自覚してなお、一人ひとりの勇気は大事であることを考えたいからである。その勇気を行使する大人の一歩こそ、子どもへの教育的価値を持つ。この点は、本書第13章で論じられたジャーナリズムの姿勢に学んだ。また、将来を見据えては、そうした勇気を育てる教育の方法も、根本的に問い直されることになろう。頭で覚えて文字でアウトプットするだけではなく、生の現場の声に心を動かされ、その心に乗せて声や文字を社会へ発信して行動してみる経験を、どのように子どもの育ちの中に含むことができるかも考えていく必要があろう。

　最後になったが、編者2人は、第2章の執筆者である石純姫さんのところを訪れて、本書の趣旨を議論し共有したことを思い出す。本書のコンセプトを支える尊厳の感覚は、その時に地固めされたように思う。そして、執筆者のみなさんが、独自の深い内容を提供してくださったのみならず、他の章のテーマと重なり合うように、対話的な執筆をしてくださった。また、編者の煩雑な要請に対し粘り強く作業を下支えしてくださった、法律文化社の畑光さんのお力がなければ、本書は形になることはなかった。みなさまに、心より御礼申し上げたい。

　1）　日本人：日本国籍を有する者。特にここでは、それによってマジョリティとしての特権性を有する者。和人：アイヌ民族との関係において、民族としての日本人マジョリティが用いてきた自称。ただし、日本人マジョリティの民族性を示す呼称については、議論がある。

【阿知良洋平】

151

■執筆者紹介（執筆順、＊は編者）

＊清末　愛砂	室蘭工業大学大学院工学研究科教授	序章、第7章、第8章
＊阿知良洋平	室蘭工業大学大学院工学研究科准教授	第1章、第8章、終章
石　純姫	元苫小牧駒澤大学教授	第2章
榎澤　幸広	名古屋学院大学現代社会学部教授	第3章
片野　淳彦	札幌大学、酪農学園大学非常勤講師	第4章
小野寺信勝	弁護士	第5章
笹岡　正俊	北海道大学大学院文学研究院教授	コラム①
佐藤　史郎	広島市立大学広島平和研究所教授	コラム②
番匠　健一	特定非営利活動法人社会理論・動物研究所研究員	第6章
深津　恵太	北方環境研究所研究員	コラム③
池田　賢太	弁護士	第9章
正木　浩司	公益社団法人北海道地方自治研究所研究員	第10章
伊藤　弘子	室蘭工業大学大学院工学研究科教授	第11章
光本　滋	北海道大学大学院教育学研究院教授	第12章
山﨑　裕侍	HBC北海道放送報道部デスク、記者	第13章
多原　良子	札幌アイヌ協会理事、メノコモシモシ代表	コラム④

北海道をひらく平和学
—— 私たちの〈いま〉をとらえる

2025年4月15日 初版第1刷発行

編 者	清末愛砂・阿知良洋平
発行者	畑　　光
発行所	株式会社 法律文化社

〒603-8053 京都市北区上賀茂岩ヶ垣内町71
電話 075(791)7131　FAX 075(721)8400
customer.h@hou-bun.co.jp
https://www.hou-bun.com/

印刷：中村印刷㈱／製本：㈱吉田三誠堂製本所
装幀：仁井谷伴子
ISBN 978-4-589-04407-5

Ⓒ 2025　A. Kiyosue, Y. Achira　Printed in Japan

乱丁など不良本がありましたら、ご連絡下さい。送料小社負担にて
お取り替えいたします。
本書についてのご意見・ご感想は、小社ウェブサイト、トップページの
「読者カード」にてお聞かせ下さい。

JCOPY 〈出版者著作権管理機構 委託出版物〉
本書の無断複写は著作権法上での例外を除き禁じられています。複写される
場合は、そのつど事前に、出版者著作権管理機構（電話 03-5244-5088、
FAX 03-5244-5089、e-mail: info@jcopy.or.jp）の許諾を得て下さい。

清末愛砂・松本ますみ編

北海道で生きるということ
―過去・現在・未来―

A 5 判・152頁・2640円

返したくても返せない奨学金やブラック・アルバイトの実態、地域経済再生のための軍事施設誘致の実情など、北海道の文脈から日本社会の問題を考える。多数のコラムや座談会を収録し、コンパクトにまとめた一冊。

松本ますみ・清末愛砂編

北海道で考える〈平和〉
―歴史的視点から現代と未来を探る―

A 5 判・162頁・2420円

いま、人権や生存権が十分に保障されず、平和が脅かされつつあるのはなぜか。北海道の歴史をあらためて照射する作業を通じて、生きづらさや不安を感じる社会の構造的問題や課題を考察し、多様で豊かな〈平和〉のあり方を模索する。

越田清和編

アイヌモシリと平和
―〈北海道〉を平和学する！―

A5判・266頁・2860円

アイヌモシリ（北海道）が日本の植民地であったという「植民地支配の認識」をふまえ、北海道における平和を考える。アイヌ民族の軌跡を問い直すだけでなく、人権・開発・平和をオキナワやフクシマとの応答も含め、多様に考察する。

貝澤耕一・丸山 博・松名 隆・奥野恒久編著

アイヌ民族の復権
―先住民族と築く新たな社会―

A 5 判・246頁・2530円

アイヌ民族の復権へ向けた問題提起の書。二風谷ダム裁判をあらためて問い直すことを契機に、アイヌ復権への根源的な課題を学際的かつ実践的アプローチにより考察。先住民族と築く多様で豊かな社会を提言する。

高部優子・奥本京子・笠井 綾編

平和創造のための新たな平和教育
―平和学アプローチによる理論と実践―

A 5 判・164頁・2420円

平和学アプローチに基づいて「平和」の概念を幅広く捉え、戦争だけでなく様々な暴力をなくしていくための実践力と平和を生み出すための想像力と創造力を養うための視座と作法を提示する。すぐに始められる平和教育の実践例も所収。

―――――法律文化社―――――

表示価格は消費税10%を含んだ価格です